慈善管理教科书

郁建兴 主编

公益慈善项目管理

周俊 江亚洲 武静 编著

创于1897 商务印书馆 The Commercial Press

图书在版编目（CIP）数据

公益慈善项目管理 / 周俊，江亚洲，武静编著 .
北京 : 商务印书馆 , 2024. -- (慈善管理教科书).
ISBN 978-7-100-24389-6

I . C913. 7

中国国家版本馆 CIP 数据核字第 2024G3Z386 号

慈善管理教科书

公益慈善项目管理

周俊　江亚洲　武静　编著

商　务　印　书　馆　出　版
（北京王府井大街 36 号　邮政编码 100710）
商　务　印　书　馆　发　行
北京虎彩文化传播有限公司印刷
ISBN　978-7-100-24389-6

2024 年 10 月第 1 版　　　　开本　720 × 1000　1/16
2024 年 10 月第 1 次印刷　　印张　14½

定价：78.00 元

本书是国家社科基金重大项目“中国特色现代慈善体系建设研究”（23&ZD181）的阶段性成果。

总 序

郁建兴

慈善是一个非常古老的事业。时至今日，现代慈善追求的是让更多的人不只关注财富，更关注财富的运用、财富的责任、财富的归宿，它已经成为一种伟大的文明实践活动。在全面建设社会主义现代化国家、向第二个百年奋斗目标进军的新征程上，慈善事业是实施第三次分配、促进共同富裕的重要途径，但慈善专业人才紧缺，成为掣肘慈善事业高质量发展的突出瓶颈之一。在人才培养体系中，教材扮演着不可或缺的角色，它既是学校开展教育教学活动的基本遵循，也是培育学生综合素质和专业技能的重要工具，因此科学系统地编写慈善管理教材尤为重要。作为全国首家贯通本、硕、博国民教育系列的慈善学院，浙江工商大学英贤慈善学院的成立是中国高校公益慈善教育向前迈进的重要一步。在探索建立慈善管理人才培养体系过程中，学院组建了教材编写小组，策划并编写慈善管理系列教材，进一步推动慈善专业学科的建设与发展。

慈善管理系列教材紧密围绕当代中国慈善事业发展的实际需求，深入剖析慈善管理制度与政策，挖掘梳理慈善创新实践，旨在建构中国慈善管理自主知识体系。

一是在全球视野中讲好中国故事。不同于引进或翻译国外慈善管理理论，慈善管理系列教材系统梳理中国慈善事业的历史脉络、文化背景、社会现实和发展趋势，以此为基础建构知识体系。在编写过程中，编写团队广泛收集并分析国际上的慈善管理案例、理论研究和最新动态，并结合国内慈善组织的实际情况和发展趋势，尝试在教材中寻找全球发展与本土情景的契合点，将两者有机地结合起来，使得教材内容更能满足中国慈善管理教育和实践的需求。

二是聚焦时代背景与制度环境。慈善管理系列教材的编写充分契合了共同富裕的政策导向，通过分析慈善项目的策划与运营、数字慈善的转型与挑战等问题，型构新时代的慈善研究范式，揭示我国慈善管理如何服务“国之大者”。教材特别注重推动思政教育的走深走实，结合众多真实案例，通过介绍慈善事业的社会价值和意义，探讨慈善组织与政府、企业等主体之间的关系，培养学习者的社会责任感和公益慈善精神，引导学习者关注社会弱势群体，理解他们的需求和困境，从而在慈善事业中传递温暖与关爱。

三是进行以实践为导向的本土案例分析。编写团队由国内慈善管理领域的专家学者组成，通过深入研究和广泛讨论，在理论框架的基础上，融入了丰富的国内实践案例，例如上海联劝公益基金会发起的“一个鸡蛋”公益项目、北上广浙各具地域特色的志愿服务体系等，

对这些典型案例进行深度剖析和点评，帮助学习者将理论知识与实际操作相结合，引导学习者思考慈善管理的实际应用和价值。

四是提供跨学科视角和创新教材形态。慈善管理系列教材在构建知识体系时，注重跨学科融合，综合运用管理学、经济学、社会学、政治学、法学等多学科的理论和方法，为慈善管理提供更为全面和深入的分析视角。在教育数字化的今天，编写团队积极探索教材新形态，尝试将一些新媒体技术融入教材中，开发在线课程等配套资源，为学习者提供多元化和互动性的学习体验。

慈善管理系列教材主要面向高等院校的慈善管理、工商管理、公共

管理、社会工作等专业方向的本科生和研究生，同时可以作为全校通识课教材和教辅资料，也可以作为慈善领域（基金会、社会团体、民办非企业单位）从业人员和管理人员的培训资料和参考工具书，还可以作为从事慈善管理研究的学者的研究素材。

行善者善行！在扎实推进共同富裕、实现中华民族伟大复兴的新征程上，慈善事业将面临更多的机遇和挑战，我们会持续跟踪慈善管理领域的最新动态和发展趋势，不断更新迭代这套教材，希望能够培养更多“行善者”，加快推动中国慈善事业高质量发展。

最后，感谢所有参与本丛书编写的专家学者和工作人员，是你们的辛勤付出和无私奉献，才使得这套教材能够按计划顺利出版。同时，也要感谢广大读者对这套教材的关注和支持，你们的鼓励和期待，让我们有了不断前行的动力。

作者系浙江工商大学党委书记，教育部长江学者特聘教授

目 录

前 言

公益慈善项目是指以社会效益为宗旨，为实现一个或几个特定目标，相关主体在特定期限内采取的一系列相互联系并且相互作用的活动或工作。随着现代公益慈善事业的快速发展，项目与项目管理的作用愈发凸显。公益慈善组织为实现其宗旨，需要开展多种工作，其中最为关键的是项目，社会公众大多从项目中接触、了解和参与公益慈善事业。自改革开放以来，公益慈善事业领域涌现了许多优秀项目，比如中国青少年基金会的“希望工程”项目、中国妇女儿童基金会的“博爱家园”项目、浙江省妇女儿童基金会的“焕新乐园”项目、深圳壹基金公益基金会的“海洋天堂”项目等等。

项目管理是指为实现特定目标或满足项目各方的要求，对项目开展有效的计划、组织、指挥、协调、控制等管理活动的过程。项目管理是否规范一定程度上决定了项目成效的高低。规范的项目管理不是说项目管理的内容和程序一成不变，一成不变可能会导致僵化，并不一定有利于取得项目成效，而是说在项目管理中必须遵循通用原则、把握关键程序、利用重要工具。规范的项目管理对公益慈善事业的高质量发展至关重要。

首先，规范的项目管理有助于提升公益慈善效率。20世纪中后期科学慈善运动在西方世界兴起后，效率便成为慈善事业发展中无法回避的问题。公益慈善效率主要通过公益慈善资源的投入产出比来衡量，通过项目管理来提高效率是公益慈善组织的普遍选择，因为项目始终围绕项目目标展开，一切资源投入都是为了实现项目目标，而衡量项目目标实现程度的重要指标之一是项目产出，联结投入与产出的中间机制便是项目管理。通过规范的管理来充分利用资源，发挥资源的最大效用是项目的基本特征之一。

其次，规范的项目管理有助于提升公益慈善公信力。公众通常通过项目接触公益慈善组织、参与公益慈善活动，在参与项目的过程中了解和认知公益慈善。规范的项目管理清晰地阐明项目目标，及时、完整、准确地公开项目进展和财务信息，优秀的项目还建立捐赠人和公众等利益相关方的有效参与机制，这些都有利于在公众心目中树立公益慈善的良好形象。相反，如果项目管理不规范，不仅会使公众无法正确认识公益慈善，而且可能会出现各种各样的问题，严重的时候甚至可能使公益慈善组织甚至公益慈善事业面临公信力危机。2023 年底，中华少年儿童慈善救助基金会陷入“配捐”诈骗风波，主要原因是其名下的“9958 儿童大病紧急救助项目”对志愿者和项目审批流程的管理不规范。这一风波引发了对公益慈善项目管理的广泛质疑，拷问着公益慈善的公信力。

最后，规范的项目管理有助于积累公益慈善知识。文书、报告和档案是项目管理的重要工作，项目管理者需要将项目管理过程中的做法、经验形成文字，以供相关人员学习和参考。这不仅能够帮助项目实施组织积累知识，为项目完善和迭代升级提供经验材料，而且非常重要的是，公益慈善项目通常具有开放性，大多数项目信息都是可以并且应该公开与社会共享的，公开的项目管理知识可以为其他机构提供参照，有助于促进公益慈善行业项目管理整体水平的提升，对于行业发展具有非常积极的意义。

然而，由于我国现代公益慈善事业起步较晚，当前公益慈善组织中专业人员的数量相对不足，许多从业人员对于何为公益慈善项目、何为公益慈善项目管理等问题仍然缺乏应有的理解。现实中，将公益慈善活动、公益慈善组织的日常工作等同于项目的情况并不少见，许多公益慈善从业者分不清项目产出与项目成果，也不明白为什么既要做项目建议书又要做项目计划书。缺乏优秀的慈善项目和规范的项目管理是当前慈善事业发展面临的重要挑战，而这无疑会极大地影响慈善事业健康发展。

《公益慈善项目管理》一书围绕公益慈善项目管理的基本问题和原理展开，对什么是公益慈善项目，公益慈善项目管理的原则、基本流程等内容进行了具体阐释，围绕公益慈善项目管理的关键环节——项目开发与设计、项目启动、项目计划、项目执行、项目收尾，结合案例进行了详细的介绍和剖析，勾画了一个相对完整的公益慈善项目管理图景，以期为公益慈善项目管理者和相关工作人员提供一个行动指南。

本书的一大特色是力求使公益慈善项目管理遵循一般项目管理的基本原则，同时又体现公益慈善领域的特色。书中第一章指出公益慈善项目具有非营利性、公益性、资金来源的多样性和评估的复杂性等四方面特征，但是公益慈善项目管理却与一般项目管理一样，具有相同的生命周期、特征和基本原则，二者只是在具体实施内容和侧重点上有所不同。比如后文讨论到供应链管理，这个看似只存在于工程项目管理中的内容，同样存在于公益慈善项目管理之中，只是它所涉及的采购物资可能较少，供应链管理较为简单。

本书的另一特色是力图以最简明的方式呈现复杂的项目管理，以为公益慈善从业人员提供一个基本的操作指南。为此，本书较多地参照了《发展领域项目管理专业指南 PMD Pro—第 2 版》的内容，因为这本指南既全面又简明，十分实用，已经被全球许多发展组织采用并作为标准。同时，为方便读者理解和使用，我们在书中大多采用国内公益慈善项目的案例，基于大家比较熟悉的内容来解析项目管理的具体内容。

为保证成书质量，我们组建了一个写作团队，团队中有两位在公益慈善项目管理实践和教学领域享有崇高声誉的实务界专家。一位是 PM4NGOs（国际公益项目管理专业组织）理事、广州市汉达社会工作服务中心理事、广东省汉达康福协会秘书长陈志强先生，另一位是上海卓越公益事业评估中心理事长徐本亮先生。两位专家全程参与本书写作，从大纲撰写到过程稿研讨再到案例选择与分析，提出了许多宝贵意见。团队另有6位成员负责了书稿的撰写工作，具体分工如下：上海开放大学的赵晓翠老师负责第一章的第一、二节，山东农业大学的武静副教授负责第一章的第三节和第二章，浙江工商大学英贤慈善学院的江亚洲老师负责第三章和第四章，我与英贤慈善学院的研究生阎晓宇、焦曼媛分别合作撰写了第五章和第六章。在近一年半的写作时间中，团队成员通力合作、相互鼓励和支持，在此表示真诚的感谢。

我还要衷心感谢浙江省妇女儿童基金会提供“焕新乐园”项目素材，感谢徐本亮老师提供“外来媳妇就业技能培训”等项目素材。徐本亮先生和浙江省妇女儿童基金会的副理事长兼秘书长冯志刚先生、副秘书长江盼盼女士十分关心本书的写作，多次就案例使用情况提出建议，他们的公益精神、开放态度令人敬佩。本书的最终出版离不开商务印书馆各位编辑老师的支持，在此也表示感谢，尤其感谢既专业细致又十分有耐心的吴俊杰老师。

虽然我们尽力保证本书质量，但项目管理本身具有复杂性和模糊性，加上写作团队自身在知识和实践方面都存在局限性，书中难免会存在一些需要进一步探讨的内容甚至错误之处，敬请方家不吝指正，当然文责我们自负。

本书适合公益慈善从业人员尤其是项目管理人员、高校公益慈善专业或方向的学生、对公益慈善项目管理感兴趣的人员阅读和学习。欢迎读者针对书中内容提出完善意见。

周　俊

2024年5月10日

第一章

绪论

本章要点

1. 公益慈善项目的领域、来源与特征

2. 项目集管理与项目组合管理

3. 项目管理生命周期

4. 公益慈善项目管理的原则

了解公益慈善项目涉及哪些领域、具有何种特征，公益慈善项目管理须遵循何种原则、如何开展等内容，是实施公益慈善项目管理的前提和基础。本章主要介绍公益慈善项目管理的基础内容，主要包括公益慈善领域中的项目、项目管理过程与特征、公益慈善项目管理的原则等三方面内容。

第一节　公益慈善领域中的项目

本节将介绍公益慈善领域中的项目，主要介绍公益慈善项目的领域、公益慈善项目的来源和公益慈善项目的特征。

在介绍公益慈善项目的领域之前，首先应明确公益慈善的概念。从字面来看，公益慈善是一个复合词，由“公益”和“慈善”组成。公益指人们直接或间接地为经济、社会和居民生活而从事的公共利益活动；慈善指从同情、怜悯或宗教信仰出发对贫弱者以金钱或物品相助。无论在党和政府的文件[①]还是学术研究中，二者常常相伴使用，称为“公

① 比如2013年11月12日发布的《中共中央关于全面深化改革若干重大问题的决定》提出“适合由社会组织提供的公共服务和解决的事项，交由社会组织承担。支持和发展志愿服务组织。限期实现行业协会商会与行政机关真正脱钩，重点培育和优先发展行业协会商会类、科技类、公益慈善类、城乡社区服务类社会组织，成立时直接依法申请登记”。

益慈善”或“慈善公益”。本书不对两者进行详细区分，统一使用“公益慈善”这一术语，指向《中华人民共和国慈善法》(以下简称《慈善法》)中的“大慈善”概念，即不仅包括扶贫济困、救助老弱病残等传统慈善活动，还包括科、教、文、卫、体、生态环境保护等公益领域的相关活动。

一、公益慈善项目的领域

对于公益慈善项目的领域，目前尚没有具体规定，也未达成共识。但是可以基于相关法律法规和学术研究对公益慈善项目的领域进行理解。

一是在法律中，2016年3月16日，中华人民共和国第十二届全国人民代表大会第四次会议通过了《慈善法》。《慈善法》第三条明确规定，慈善活动的范围主要包括六方面公益活动：(1)扶贫、济困；(2)扶老、救孤、恤病、助残、优抚；(3)救助自然灾害、事故灾难和公共卫生事件等突发事件造成的损害；(4)促进教育、科学、文化、卫生、体育等事业的发展；(5)防治污染和其他公害，保护和改善生态环境；(6)符合本法规定的其他公益活动。《慈善法》将强调“扶贫济困”的“小慈善”扩展到覆盖科、教、文、卫、体等领域的“大慈善”，拓展了慈善活动的领域。2023年12月29日，第十四届全国人民代表大会常务委员会第七次会议审议通过关于修改《慈善法》的决定，新修改的《慈善法》于2024年9月5日起施行，其中对慈善活动范围的规定与原《慈善法》相同，但新增了“应急慈善”一章，突出了慈善组织在应急慈善领域中的重要作用。

二是在学术界，有学者提出，公益慈善组织的活动领域包括扶贫、救灾、恤孤、助残、环保、文化等多个方面(朱健刚，2016)。王名

（2016）认为公益慈善活动不仅出现在战争、自然灾害、环境污染、流行病等突发事件中，而且还广泛存在于教育、医疗、文化、科学研究、环境保护等社会服务中。可见，尽管学术界对公益慈善的领域尚未达成共识，但均认为公益慈善活动不仅包括传统的社会救助领域，还包括教科文卫体等公益服务领域。

综上，结合《慈善法》的规定和学术界对公益慈善活动的理解，本书将公益慈善项目的领域概括为五个方面：

一是慈善帮扶，包括扶贫、济困、扶老、救孤、恤病、助残、优抚等方面的项目；

二是应急慈善，包括救助自然灾害、事故灾难和公共卫生事件等突发事件造成的损害等方面的项目；

三是公益服务，包括促进教育、科学、文化、卫生、体育等事业发展的项目；

四是环境保护，包括防止污染和其他公害、保护和改善生态环境等方面的项目；

五是其他公益慈善项目。

二、公益慈善项目的来源

根据公益慈善项目的实践主体，公益慈善项目的来源主要包括三种渠道：一是社会组织，包括社会组织独立运作项目和社会组织间的合作项目；二是政府，包括政府购买服务项目和政府主导的公益创投项目；三是企业，包括企业主导的公益创投和直接资助类项目。

（一）来源于社会组织的公益慈善项目

1. 社会组织独立运作项目

作为社会治理的重要主体之一，社会组织可依据自身专业能力、业务范围发起公益慈善项目，自筹资金，并独立运作项目。比如社会组织针对某一特定群体开展的各种资金或非资金支持，“一个鸡蛋”即属于此类项目。为改善儿童身体素质，上海联劝公益基金会于2010年发起“一个鸡蛋”的公益项目，旨在为甘肃省、青海省、贵州省等贫困地区的儿童在学期内每天提供一个鸡蛋。

2. 社会组织间的合作项目

除了独立运作项目，社会组织之间可通过合作共同开展公益慈善项目。社会组织间合作按照不同的标准可以划分为不同的类型：一是按照合作期限可分为社会组织间的短期合作项目和长期合作项目。短期合作项目多为一次性的项目，合作程度较浅，同时合作内容也较为单一；长期合作项目则表现为社会组织之间建立长期的合作关系，有的甚至形成战略性合作关系，此类项目的合作程度较深、范围广。二是按照合作分工可分为社会组织间的“委托—代理”式合作项目和社会组织间的联合型项目。前者如基金会资助草根类组织开展项目，为其提供资金支持；后者表现为社会组织间为了解决某些特定问题，共同利用资源，共同决策开展项目，共享合作成果（王清、张楠，2022）。

（二）政府发起的公益慈善项目

1. 政府购买服务项目

政府购买服务制度自20世纪90年代被引入我国，最早可追溯至1995年上海市浦东新区政府购买“罗山会馆”服务。其后，各地开始出现政府购买服务的试点和探索工作，国家层面也相继出台了规范政府购买服务的法律文件，推动政府购买服务不断走向制度化和规范化。如今，政府购买服务已经成为我国转变政府职能、创新公共服务提供方式的重要制度安排。

2020 年施行的《政府购买服务管理办法》规定，“政府购买服务是指各级国家机关将属于自身职责范围且适合通过市场化方式提供的服务事项，按照政府采购方式和程序，交由符合条件的服务供应商承担，并根据服务数量和质量等因素向其支付费用的行为”。政府购买服务的方式主要依据《中华人民共和国政府采购法》的规定，主要包括公开招标、邀请招标、竞争性谈判、单一来源采购、询价等五种方式，其中公开招标是主要方式。近年来，政府购买服务不断发展，财政部《关于做好 2023 年政府购买服务改革重点工作的通知》中提到，“2022 年各地各部门持续深化政府购买服务改革，全国政府购买服务支出规模近 5000 亿元”，其中包括向社会组织购买的项目。

2. 政府主导的公益创投

公益创投是将风险投资的工具用于公益慈善事业，通过为社会目标组织提供资金和非资金支持，以提高其社会效应的一种公益投资方式。[①] 公益创投概念于 2001 年由我国台湾学者林吉郎引进。目前公认最早的政府主导的公益创投案例是 2009 年上海市委托恩派组织承办的“上海社区公益创投”的实践（宋程成，2021）。其后，各地政府纷纷以恩派模式为参照开展公益创投。2015 年后，公益创投在我国迅速发展，现已成为政府、企业、社会组织等主体开展公益实践的主要方式。

按照资助主体、运作方式等进行划分，政府主导的公益创投可分为政府独立开展的公益创投、政府与其他主体共同开展的公益创投两种类

① 欧洲公益创投联会（EVPN）对公益创投的定义。

型，有研究将前者概括为“资助型公益创投”，将后者概括为“赋能型公益创投”。资助型公益创投中，政府是单一资助主体；赋能型公益创投则是在政府主导的基础上引入了基金会等社会力量，形成多主体参与的资助体系。除了资助主体，两者在创投理念、创投目标、资助双方关系等方面均有区别（见表 1.1）。

表 1.1　资助型公益创投与赋能型公益创投的比较

创投模式	资助型公益创投	赋能型公益创投
创投理念	项目资助理念，主要满足政府购买服务或转移职能的需求	组织增能理念，以解决社会问题为首要需求
创投目标	以运作并完成项目为目标，注重单次项目的成效（产出）	以助力社会组织和慈善事业的可持续发展为目标，关注创投项目在未来能体现的潜在收益
资助主体	政府	政府、基金会等多元主体
资源投入	仅提供项目资金	资金与非资金支持
资金管理	项目制资金管理，规避资金运作中的风险	实现创投资金商业化运作，发挥创投资金的杠杆激励作用
资助双方关系	关系疏离，在立项和结项环节互动	关系紧密，在项目全程保持互动，强调资助方对被资助方跟踪式的服务与培育

资料来源：周俊、杨鑫源，2022

（三）企业发起的公益慈善项目

1. 企业主导的公益创投

企业参与公益创投是企业履行社会责任和参与社会治理的重要表现。企业主导的公益创投包括两种类型：一是企业通过单独或共建基金会的方式开展公益创投（李筱婧、万军，2010），通过企业基金会直接为公益慈善项目提供资金和项目管理支持。比如，2022 年 11 月，腾讯公益基金会启动“腾讯技术公益创投计划”的申报工作，该项计划由腾讯基金会主办，社会价值投资联盟提供公益支持，倡导技术公益，鼓励社会专业力量通过技术能力、创新解决公益痛点和社会问题，创造技术公益开放生态。①

二是企业委托其他组织采用公益创投大赛方式来开展项目。在这一模式中，企业提供资金，受托组织负责整个创投大赛的过程，包括项目的筛选和评审、项目跟踪管理、成果展示等工作。比如，2007年，联想集团与恩派合作，启动首个公益创投计划，将近300万资金用于数字化、环保、教育和扶贫等四大领域的16个项目。②

2. 企业发起的直接资助类项目

除了公益创投，企业还可独自或联合其他组织发起直接资助类项目。这类项目往往以实物或资金资助的方式，对某一特定困难群体进行直接帮扶。比如娃哈哈集团自2011年起，联合杭州市总工会"春风行动"办公室开展"娃哈哈·春风助学"项目，主要资助建档困难家庭子女圆"大学梦"，目前累计捐款已达上亿元。

三、公益慈善项目的特征

公益慈善项目是指以社会效益为宗旨，为实现一个或几个特定目标，相关主体在特定期限内采取的一系列相互联系并且相互作用的活动或工作。一般项目具有目标的明确性，过程的周期性，活动的整体性、独特性、风险性等特征。除了具有一般项目的特征，公益慈善项目有一些特殊性，主要包括非营利性、公益性、资金来源的多样性和评估的复杂性等四个方面。为了更好地理解公益慈善项目的特征，本书将其与政府投资项目③和企业投资项目④进行了比较（见表1.2）。

① 腾讯技术公益创投计划二期拟资助项目公示，https://www.163.com/dy/article/I4DNG91Q0519P6AS.html。

② 联想 & 恩派：联想公益创投计划，https://www.npi.org.cn/info/example?id=1194480031796441088&tabIndex=1，恩派官网。

③ 政府投资项目是指使用财政性资金进行固定资产投资的建设项目。

④ 企业投资项目是指企业作为一级投资主体投资的项目。

（一）非营利性

非营利性是公益慈善项目的首要属性，也是公益慈善项目区别于一般项目的重要标准。公益慈善项目以公益慈善为目标。公益慈善项目的非营利性是指公益慈善组织必须将利润用于项目目标，不能对利润进行分红。

（二）公益慈善性

公益慈善项目以实现社会公益或慈善帮扶为宗旨，服务对象是不特定的受益者或者特定的帮扶对象，主要活动领域包括扶贫、济困、助残、教科文卫体等，致力于为社会中的弱势群体提供支持和帮扶，以及解决社会问题、促进社会整体福祉。

（三）资金来源的多样性

政府投资项目的资金主要来源于财政拨款，企业投资项目的资金主要来源于股东出资或经营利润。相比较而言，公益慈善项目的资金来源更加多样化，既可以是政府专项资金、福利彩票公益金，也可以是企事业单位捐赠、个人捐款，以及公益慈善组织的服务性收入。

（四）评估的复杂性

公益慈善项目评估的复杂性主要体现在两方面：一是评估流程的模糊性。政府投资项目流程有具体的法律规定①，企业投资项目有组织内部制定的评估方案和流程，而公益慈善项目的评估流程没有具体的政策规定，实践差异性较大。二是评估内容的复杂性。公益慈善项目除了关注项目的成本收益等硬性指标外，还重视项目的社会影响力、服务对象的满意程度等内容，对于需要长期开展的项目还会评估其可持续性。

---

① 比如《中央政府投资项目后评价管理办法》《政府投资项目审计规定》《政府投资条例》等。

表 1.2　政府投资项目、企业投资项目和公益慈善项目比较

项目特征	项目类型		
	政府投资项目	企业投资项目	公益慈善项目
项目目标	非营利性	营利性	非营利性
服务对象	不特定的受益对象	特定的受益对象	特定或不特定的受益对象
资金来源	财政拨款	股东出资或经营利润	政府专项资金、福利彩票公益金、企事业单位捐赠、个人捐款、公益慈善组织服务性收入等
项目评估	有相关法律规定	有具体评估方案，主要评估项目成本收益	无具体规定，更为注重项目的社会影响力、可持续性、服务对象满意程度

第二节　项目管理过程与特征

公益慈善项目具有与一般项目相同的过程与特征。因此，本节主要介绍一般项目管理的过程与特征，主要包括项目管理的界定与类型、项目管理的生命周期以及项目管理的主要特征。

一、项目管理的界定与类型

（一）项目管理

项目是为创造独特的产品、服务或成果而进行的一项临时性工作。关于项目管理，张笑君（2021）认为，项目管理就是项目管理者对项目进行管理的行为，是指以项目为管理对象，在既定的约束条件下，根据项目的内在规律，为最优地实现项目目标，对项目生命周期全过程进行有效的计划、组织、指挥、控制和协调的系统管理活动。林锐等（2020）提出，项目管理是指以项目为对象的系统管理方法，它通过项目各利益相关方的合作，通过一个临时性的专门的柔性组织，把各种资

源应用于项目，对项目进行高效率的计划、组织、指导和控制，以实现项目全过程的动态管理和项目目标的综合协调与优化，并最终实现项目的目标，使项目各利益相关方的需求得到不同程度的满足。

可以看出，尽管学者对项目管理的界定各有不同，但均强调了项目管理的目标性和管理过程中的关键活动。结合已有研究，本书将项目管理界定为：为实现特定目标或满足项目各方的要求，对项目开展有效的计划、组织、指挥、协调、控制等管理活动的过程。

（二）项目集管理

项目集是指通过协调管理取得单独管理每一项目所无法取得的收益的一组相互联系的项目和活动。简言之，项目集管理收益大于其组成部分收益的总和。项目集管理是对一个项目集采取的集中式管理，以协调项目集内多个项目，从而实现这个项目集的整体战略目标和收益。需注意的是，项目集管理不同于多项目管理，多项目管理是对多个项目进行管理，但这些项目之间并不一定存在联系，甚至没有一个共同目标，而项目集管理中的项目不仅存在任务之间的依赖性，且项目集管理的目的是实现组织确定的目标。

（三）项目组合管理

项目组合是指在资源有限的情况下，通过协调项目集和各个项目，以使他们目标一致，尽可能符合整体战略的目标。项目组合中的项目或项目集不一定彼此依赖或相互关联，但均通过项目组合方式与组织战略规划联系在一起。在项目组合中，会依据风险、资金和其他与战略规划相关的事项对所组成项目的优先级进行确认（刘通等，2015），以便更好地制定投资计划并分配资源。项目组合管理是为了实现特定的战略目标，对一个或多个组织进行集中管理，包括对项目、项目集和其他相关工作的识别、优先排序、授权和控制等活动（何清华、杨德磊，2019）。

综上，项目组合表示在某一特定阶段，为实现组织整体战略目标而在组织内部活跃的一系列项目、项目集等工作。项目集是由多个相互依赖的项目或子项目集组成。项目、项目集、项目组合的特征和关系见表1.3和图1.1。

表 1.3　项目、项目集和项目组合一览表

	项目	项目集	项目组合
管理人员	项目经理负责协调交付一个或者多个产出	项目集经理协调、指导和监督一系列相关项目和活动的执行（通常是持续多年的），以交付符合组织战略目标的成果	项目组合经理是一位高层面领导，全面负责一个组织达到战略目的和目标所需变革的投资
特征	· 管理与协调 · 交付产出 · 时间、成本、范围 · 注重适合目的的产出，满足要求，促使实现效益 · 注重项目风险 · 管理与交付物有关的问题 · 为成功执行交付物和活动制定计划	· 在项目集范围内确定和明确战略与远景目标 · 推动所有层面利益相关方（持份者）（内部与外部）的参与 · 指导与监督项目活动的执行 · 管理战略和运行风险 · 了解和解决项目之间的问题 · 注重质量与成果 · 确保交付可测量的效益和影响	· 为整个组织确定长期的远景目标 · 提供全局概念和组织远见 · 确定政策、标准、优先性和计划 · 了解跨组织问题 · 管理高层面战略性风险 · 做出艰难的决定 · 全方位了解领域的相关信息（内部和外部的） · 能够同时监督各种项目集、项目和其他活动

表格来源：《发展领域项目管理专业指南 PMD Pro—第 2 版》，2020：27。

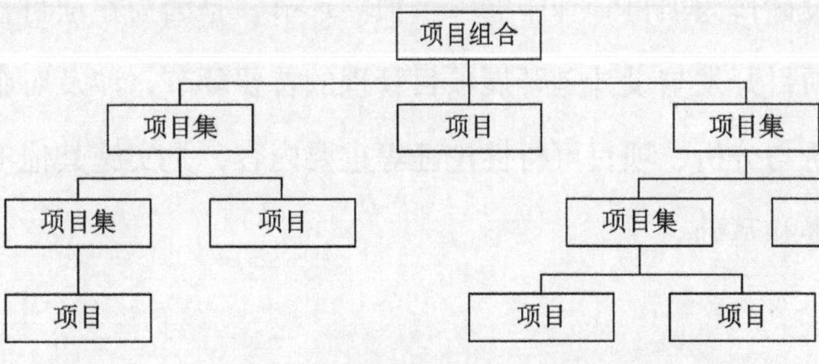

图 1.1　项目、项目集、项目组合关系

二、项目管理的生命周期

项目生命周期涵盖从项目开始到项目结束的全过程，可根据不同节点划分为不同阶段。为了在整个项目生命周期中有效地管理项目，需要在每个阶段开展一系列的活动，保证每个阶段可以提供可交付的成果。①

对于项目管理的生命周期，学者们进行了不同的划分。陈关聚（2021）认为项目管理的生命周期包括项目启动、项目计划、项目执行、项目控制和项目收尾等五个阶段。有研究者认为项目阶段包括项目孵化、项目启动、项目计划、项目实施、项目收尾和项目交接过渡等阶段（林锐等，2020）。也有学者提出，尽管项目的规模、复杂性各有不同，但所有项目都包括启动项目、组织与准备、执行项目和结束项目等四个阶段（何清华、杨德磊，2019）。已有研究针对项目生命周期提出了丰富的观点，但也存在争议之处，比如项目监测或控制其实并非项目管理中一个独立的具体环节，而是贯穿在整个项目生命周期中，又如在项目启动之前，对项目进行开发与整体设计是一个必不可少的任务。

综上，本书将项目管理的生命周期划分为项目开发与设计、项目启动、项目计划、项目执行和项目收尾等五个阶段（见图 1.2）。之所以将项目开发与设计作为项目管理中的一个独立环节，是因为在项目管理生命周期中，项目开发与设计是开展项目管理的首要环节，涉及对服务对象需求的调研与分析、项目可行性论证等重要内容，是实施其他项目管理环节的前提和基础。

---

① 参见团体标准《慈善组织项目管理规范》（T/ZCL 002—2020）第 4.6 条。

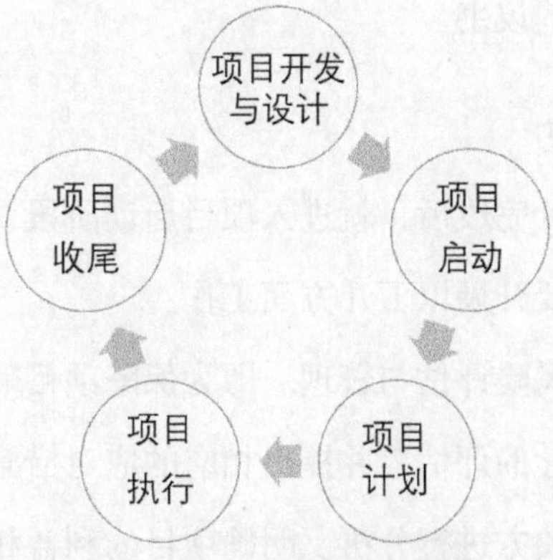

图 1.2　项目管理生命周期

（一）项目开发与设计

项目开发与设计是开展项目管理的首要环节。在此阶段，主要开展以下几方面工作：

一是进行需求调研，明确服务需求。即根据项目目标聚焦服务对象，并通过调研收集相关信息，同时开展需求的互证分析。

二是了解项目的利益相关方。即识别项目主要利益方。

三是分析服务对象的需求。根据调研获取的资料分析服务对象的需求，进一步明确项目目标。

四是制定服务规划。依据对服务对象需求的分析，初步制定出服务规划。

五是进行可行性分析。即明确在既有条件的约束下，项目能否顺利实施，是否具有可行性。具体来说，需进行项目风险分析、人力资源分析、可持续性分析等。项目风险分析即分析项目存在的潜在风险，并提出对应的预防举措；人力资源分析即对项目开展所需的人员进行分析与配置；可持续性分析即分析在项目收尾移交后，项目能否可持续地顺利开展并发挥作用。

六是撰写项目建议书。

（二）项目启动

项目开发与设计完成后，就进入项目启动阶段，也称项目执行准备阶段。这一阶段主要开展以下几方面工作：

一是进行全面风险评估与管理。即为保障项目顺利开展，对项目进行的综合性、全面性的评估，并提出相应的应对措施。

二是对利益相关方进行分析。明确项目的利益相关方，并提出相关对策以促进利益相关方的参与。

三是建立项目治理结构。明确项目要建立的结构类型，并赋予相关职责。

四是制定项目规划框架。明确项目实施周期、所需工具与流程等。

五是制定项目启动阶段的 MEAL 框架，包括监测（Monitoring）、评估（Evaluation）、公信力（Accountability）和经验总结（Learning）。

六是制定项目章程。即制定必要的管理制度和运行机制，以为项目的计划和执行提供制度支持，比如工作报告制度、财务管理制度等。

（三）项目计划

项目计划阶段的主要任务是对项目的总目标进行分解，为项目执行制定详细完备的实施方案。项目计划阶段需要开展以下几方面工作：

一是制定进度计划。即明确每一个活动的重要性，评估活动所需资源、预计完成时间等，并编制出详细的进度计划表。

二是制定项目计划的 MEAL 框架。即做好项目计划阶段的监测、评估、公信力与经验总结等工作。

三是制定内部控制计划。包括人力资源、财务、资产清单等内容。

四是制定沟通计划。即制定与各项目利益相关方的沟通安排，包括沟通工具、方法等。

五是制定供应链规划。包括采购计划、资产计划等。

六是人力资源规划。即根据项目目标，对人员进行具体分工。

七是分期计划。即对项目实施关键节点的划分与规划。

八是可持续性规划。即针对如何保障项目可持续性的规划与安排。

九是项目收尾规划。包括对项目评估、项目审计、项目经验总结等事项的规划。

项目计划阶段需要注意三方面内容：一是在制定项目计划过程中，要紧紧围绕项目目标进行设计；二是项目计划需清晰、具体并具有可操作性；三是项目计划需具有动态性和灵活性，能够依据环境变化和项目实际情况进行调整。

（四）项目执行

项目执行阶段是实施项目计划的过程，主要目标是使项目计划落地。这一过程需要开展以下几方面工作：

一是人员管理。按照项目规划，将人员进行合理配置，组建项目团队，明确沟通方式。

二是项目进度管理。即对项目执行的进度进行估算和排列，以顺利、按期实现项目目标。

三是项目预算管理。包括对项目成本的管理、控制等相关事项。

四是质量管理。在项目执行过程中，对项目开展全面质量管理，包括事前事中事后等多个环节。

五是供应链管理。包括采购管理、物流管理、质量管理等内容。

六是风险管理。即对项目执行阶段中可能存在的风险进行评估与分析，并提出应对举措。

七是问题管理。对项目执行过程中出现的问题进行识别、分析，并进行动态监测。

八是制定项目执行阶段的 MEAL 框架。包括监测、评估、公信力与经验总结等内容。

九是项目变更管理。当出现偏离项目目标的计划或行为时，要对原有计划进行调整或对偏离行为进行纠正，明确项目变更流程、变更所需资源等内容。

（五）项目收尾

项目收尾是项目管理的最后环节，主要包括以下内容：

一是要进行合约收尾。即要对项目执行情况进行评估，检查各项工作是否均按照合同约定得以开展并完成。

二是要进行财务收尾。即对项目的财务状况进行审查。

三是进行项目审计。主要是对项目的财务状况进行审计。

四是行政收尾。包括撰写项目结项书、整理相关项目资料、档案管理等工作。

五是综合评估。即对项目取得的效果、项目产出等进行综合评估。

六是经验总结。即对项目资料进行总结、反思，在团队内进行经验分享。

综上，项目管理生命周期的五个阶段各有分工，又环环相扣，为项目管理提供了整体框架，能够更好地保障项目的顺利开展。

需要注意的是，以上介绍的是一般项目管理的生命周期，作为一种特殊类型的项目，公益慈善项目的生命周期同样适用上述过程，但这并不意味着每个阶段中的具体内容在公益慈善项目管理中必然存在，在实践中须结合项目具体情况展开分析。比如在项目执行阶段中，供应链管理作为其中一环，主要涉及从原材料采购到产品制造、分销和最终交付给消费者的整个过程，主要目的是在保证客户服务水平的前提下，使整个供应链系统的成本最小化。这一环节在更加注重成本收益的企业项目管理中至关重要，但并不一定适用于所有公益慈善项目管理。

三、项目管理的主要特征

一般项目管理具有系统性、复杂性、不确定性和周期性等特征。这些特征同样适用于公益慈善项目。

（一）系统性

项目管理是一个整体过程，需要对人、财、物等相关资源进行合理配置，并由多个相互联系的管理活动共同组成，需要确保各个环节的顺利运行。任一环节的缺失将影响到项目目标的实现。

（二）复杂性

项目管理是一项复杂的工程，不仅需要运用多方面知识和技术解决问题，还涉及与多个利益相关方、多个部门、多个组织之间的沟通和协调，需要处理各种错综复杂的关系。

（三）不确定性

项目管理的过程具有不确定性，会随着外部环境的变化和项目实施的具体情况而面临诸多风险。项目管理的不确定性对项目管理者提出了更高要求，要根据环境变化和形势需要及时对项目计划、执行等做出必要调整，以更好地应对不确定性，确保项目目标的顺利实现。

（四）周期性

项目管理的周期性是指项目管理的过程包括项目开发与设计、项目启动、项目计划、项目执行和项目收尾等五个必经阶段。从启动到收尾，项目管理需要完成一个周期。

第三节　公益慈善项目管理的原则

为了取得成功，所有的项目管理都应该遵循五个基本原则。作为项目经理，需要确保项目管理良好，确保五个基本原则在所有项目的工作中能够有效贯彻落实。这五项管理原则是：良好治理、参与性、有效性、全面性和适应性。本节将分别对这五大原则进行详细讨论。

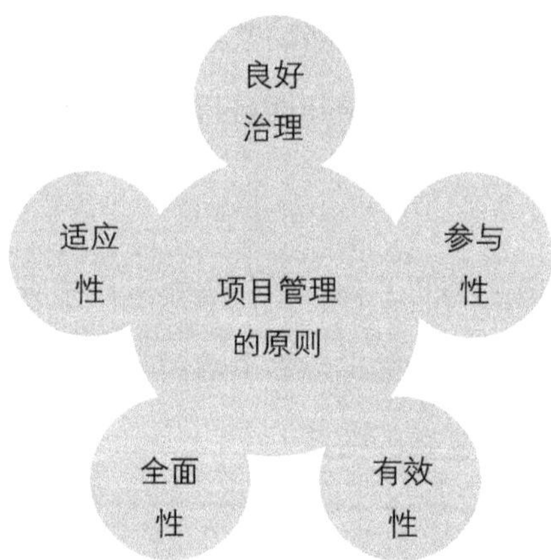

图 1.3　项目管理的原则

一、良好治理

项目治理是公益慈善项目管理的一个重要部分。良好治理原则要求公益慈善项目的利益相关方深入思考如何在项目中做出决策。有效的项目治理能为各级管理、问责、容许度（权限）、支持和决策提供一个明确的框架。良好的项目治理有许多好处，能够确保项目目标的确定性、管理权限和问责层级的明确性、利益相关方需求的回应性、沟通的顺畅性以及风险管理的有效性等。

公益慈善项目的治理主要包括治理结构、治理工具和决策机制等三方面内容。治理结构从静态的角度规范公益慈善项目的权力配置，强调项目内部分权和制衡关系；治理工具从动态的角度关注通过一系列方式和策略动员资源以实现项目目标；决策机制强调项目目标实现过程中冲突的协调、资源的获取及至项目的可持续性。

（一）治理结构

公益慈善项目的治理结构明确了每一级管理的角色、职责和权限，并在项目章程加以中明确和授权，是项目研发与设计阶段的产出内容之一。如果项目主要在一个组织内开展工作，治理结构主要由组织内部的利益相关方构成，跨组织、跨国乃至全球性的项目则在联盟内或者其他战略同盟中通过伙伴关系实施，在这种情况下，项目的治理结构可能会更加复杂。

明确有效的治理结构可以起到多种作用，如明确管理角色、岗位职责、工作流程、管理结构以避免出现重叠或职权混乱的局面，同时也明确了决策机制和权限，避免出现决策缓慢或悬而未决的状况。

公益慈善项目的治理结构以多种方式与项目经理和项目本身互动，主要包括：

1. 确保组织对项目做出承诺并对项目负责；

2. 就超出项目经理容许度（权限）范围的项目变更请求（范围、预算、进度或其他）做出决定；

3. 监督项目、提供必要的资源、指导和意见；

4. 监督项目的持续可行性，必要时，做出决定中止项目；

5. 就项目的管理（尤其是超出项目经理控制范围的问题）支持项目经理，提供建议；

6. 确保各种利益相关方的观点被包括在项目中；

7. 为项目争取必要的组织支持和资源；

8. 确保组织“拥有”项目过程和成果。

一个治理良好的项目为项目经理明确了清晰的职责和权限，确保其在治理结构描述的具体框架内做出决定。

治理结构的形式通常包括两种：一种是项目发起人/主办者（Project Sponsor）模式，即项目捐赠人或发起方具有决策的权利，对项目成败负责，监督项目方向并给项目提供支持和资源；另一种是项目理事会/项目执行委员会（Board/Steering Committee）模式，即由项目捐赠人、执行机构、受益社区以及项目供应商等利益相关方代表（2—5人）组成项目理事会或指导委员会，理事会/委员会定期召开会议，对项目负责。

（二）治理工具

总体而言，公益慈善项目治理主要通过两个方面运行：一是项目内部，通过内部组织体系实现，即内部治理工具；二是项目外部，通过市场化、社会化工具实现，即外部治理工具。

第一，项目内部治理。项目内部治理要求充分发挥项目经理层的治理核心作用，使项目内部各个子系统都能从项目目标出发，相互协作和支持，保证项目的运行效率。具体治理工具包括：合理设置项目机构和岗位；明确每个机构和岗位的目标、职责和权利；建立项目规章制度，明确各机构在项目中的相互关系；建立信息沟通制度；及时发现并消除项目中的不协调现象。

第二，项目外部治理。公益慈善项目的外部治理涉及主体应该是项目环境中的利益相关方集合。这些利益相关方涉及面广且层次多，在公益慈善项目中的角色、职责、权力等各不相同。外部治理工具范围较广，包括合同治理、竞争机制、信誉机制、自律机制等。合同治理即利益相关方之间就公益慈善项目缔结合同；竞争机制则是从诸多利益相关方中筛选合适的合作伙伴；信誉机制是利益相关方之间通过失信惩戒、守信奖励等建立起的一种注重长期效果而赢得信任和维持信任的方式；自律机制是利益相关方保持目标一致并持续追求长期利益的内部的、自我管理的机制。

（三）决策机制

公益慈善项目的决策机制规定了项目方案、问题、风险等如何让利益相关方达成一致的规则。决策机制需要遵循自上而下的项目管理制度，以达成共识为目标。具体的决策规则可以根据不同类型的项目适当调整。常见的决策机制有：

第一，逐层升级决策。即由专门人员记录并跟踪项目产生的问题、风险等，先在相关项目小组内沟通确认，若无法达成共识，再上升到项目组织、职能组织及至高层会议组织中，通过管理权限、影响力、权威性等的逐层升级，获得最终的决策。

第二，专家表决决策。根据项目产生的待决事项，如项目验收、项目变更等，可以通过成立专家小组的方式，采用专家成员投票的方式进行决策。

第三，第三方机构决策。项目质量结果、项目审计结果等事项，可以邀请第三方机构通过调查研究等形式出具专业报告，代表决策结果。

值得注意的是，以上决策机制的适用领域、决策规则、反馈方式、时效性等均存在显著差异，因此应充分考虑待决事项的特征、决策涉及的群体范围等选用合适的决策机制。

二、参与性

在公益慈善项目的整个生命周期，应该鼓励利益相关方的贡献与参与，与利益相关方建立信任关系，从而促进项目的顺利实施与项目目标的实现。

第一，参与主体。总体而言，除了项目团队（包括全职人员、兼职人员、志愿者等）的人员外，其他所有能够影响项目目标实现，或者被项目目标影响的个人、组织或群体等利益相关方都应参与到项目中，包括项目的服务对象、间接受益者、政府、基金会、企业、其他慈善组织、媒体、研究机构等。

第二，参与过程。上面提及的公益慈善项目的所有利益相关方，都应以适当的方式参与到整个项目周期中，包括项目设计、项目启动、项目计划、项目执行、项目收尾等。

三、有效性

公益慈善项目的有效性主要体现在三个方面，分别是：

第一，结构有效。项目目标确定后，如何搭建有效的项目结构以调用各类资源实现项目目标就成了项目治理的重要内容（丁荣贵等，2013）。为实现项目目标，项目执行机构需要关注项目流程、项目组织结构设置和绩效管理等内容，根据项目的需要适时调整项目团队的角色，同时协调不同利益相关方有效完成其角色职责。要做到项目的结构有效，需要明确项目中所有利益相关方之间的责任惯习，同时建立基于项目目标实现的项目团队绩效评价方式，为项目目标实现提供有效的组织基础。

第二，过程有效。在实践中，人们通常更关注项目最终达成的结果和产出，易于忽略项目实施的过程及其整个过程中可能展现出的新型关系结构和实践模式（方劲，2017）。因此，在公益慈善项目中，应关注项目的阶段性影响、关注合作伙伴或利益相关方对项目的影响。在项目开始阶段，应进行需求评估，制定相应的项目介入计划；在项目运作过程中，应加强过程性评估，根据运作情况随时调整项目计划，在项目结束时应进行总结性评估，比较项目实施后发生了哪些变化。

第三，结果有效。公益慈善项目的结果有效是指经过项目实施，项目的宏观、中观、微观等目标能够实现，目标群体的境况能够得到改善。2004 年，由上海市慈善基金会推出，上海市慈善教育培训中心组织的“外来媳妇就业技能培训项目”，旨在培训万名暂无上海户籍、生活困难且有就业愿望和劳动能力的“外来媳妇”，使她们掌握必要的知识和技能，其微观目标之一是“为学员创造就业条件，促进就业”，针对这一目标，机构制定了“达到 50% 就业率”的评估指标，满足了该评估指标的要求，则被认为项目的实施结果是有效的。同时，该项目还推动了政策调整，2009 年上海市人保局出台政策，“外来媳妇”可以和上海户籍的失业人员一样，每年参加一次免费技能培训。从对政策的影响来看，该项目也是有效果的。

四、全面性

公益慈善项目管理的全面性原则，要求项目管理人员能够综合运用战略、领导和技术技能，注重细节、负责规划、指导和支持项目期间将要发生的活动。全面的项目管理既要同样严谨地对待和重视项目的每一个阶段，又要确保所有的项目组成部分（直接和间接的）都被有效地完成。

第一，全过程。项目管理应该贯穿公益慈善项目的开发与设计、项目启动、项目计划、项目执行、项目收尾等整个生命周期，以及采购、协调、沟通、人力资源、报告和风险管理等所有细节，实现对项目所有的直接和间接工作的全面统筹和控制。

第二，全员。现代项目管理的重要目标就是让利益相关方满意。全面的公益慈善项目管理，要求对利益相关方进行全面识别和分析，识别尽可能多的利益相关方，评估他们在项目中的资源、权力和影响，确保在项目过程中实施更加全面的利益相关方参与策略，加强与利益相关方的联系，为整个项目期间利益相关方的积极参与奠定基础。全员参与项目管理是保证项目质量不可缺少的重要手段。

五、适应性

适应性要求公益慈善项目管理符合国家有关规定和组织的实际情况，并随着外部环境的变化、资助方要求的调整和服务对象需求的变化等，进行不断的调整和完善。

第一，因地制宜。没有一个项目存在于不受外界影响的“真空”环境中。项目存在于项目集、项目组合、部门以及国家战略范围内，同时，项目还在慈善组织、捐赠方等环境要求下运行，以上环境因素都会影响项目的绩效。项目管理的因地制宜原则要求项目主管、项目团队和利益相关方等要充分考虑项目范围内的外部环境因素、人力资源和技术条件、传统风俗与社会发展阶段等，分析项目范围内的实际情况并做出必要的响应。项目管理要从实际出发，要根据不同的项目、不同的情况，采取合适的管理方法，不要千篇一律。

第二，敏捷治理。一般而言，敏捷治理致力于感知事件并在组织或内部、市场或技术的变化、固定的治理结构、低层级决策等领域实现快速响应（李欣欣、滕五晓，2023）。敏捷治理以治事为线索，以数字化转型为契机，注重在寻求确定性的基础上积极探索更具灵活性的方案，试图在可控范围之内采取去空间化、去科层化、去部门化、去程式化和去建制化等改革创新（孙志健、耿佳皓，2023）。公益慈善项目的敏捷治理要以人为本积极响应需求，可以利用平台化运作、数字化技术等根据变化及时地做出相应调整，以适应快速的环境变化的需要。

本章案例

真爱梦想公益基金会“三位一体”素养教育项目[①]

上海真爱梦想公益基金会（以下简称“真爱梦想”）成立于2008年8月14日，是由金融机构和上市公司的专业管理人员发起和运营的5A级公益基金会，2014年1月经上海市民政局批准，转为地方性公募基金会，专注儿童素养教育，致力于帮助孩子“上好学”和“学得好”，以“发展素养教育，促进教育均衡，以教育推动社会进步”为使命，以“帮助孩子们自信、从容、有尊严地成长”为愿景。在内部治理方面，真爱梦想制定了采购管理、战略管理与工作计划管理、预算管理、项目管理、财务管理等制度，并不断进行完善更新，为更好地开展基金会的公益慈善项目管理提供了制度保障。在外部治理方面，真爱梦想重视与政府、企业等多元主体开展合作，共同致力于提升儿童素养教育。

① 资料来源：真爱梦想公益基金会官网，https://www.adream.org/。

自2008年成立以来，真爱梦想始终秉持公益初心，坚持在国家“三州三区”、上海对口支援地区等偏远地区推广素养教育，希望通过“三位一体”的素养教育模式，帮助偏远地区的未成年人在接受学科教育的同时，可以全面提升自己的核心素养，实现自信、从容、有尊严地成长，达到“扶贫先扶智”，最终实现以教育推动社会进步，以公益助推乡村振兴的目的。真爱梦想通过“三位一体”的素养教育服务体系及联结政府、企业、社会力量赋能教育的“四方联动”赋能模式，用公益的“飞轮”整合各类资源，高效地利用标准化的服务体系将资源配置到偏远地区。

“三位一体”素养教育服务模式是采用“硬件＋软件＋服务”的标准化服务体系，硬件上主要为受助学校装备一间安全愉悦的、以儿童为中心的教育环境——“梦想中心”教室；软件上形成了一整套基于全人教育理念的“梦想课程”，纳入学校的课表；服务上通过“梦想沙龙”“梦想领路人计划”“梦想盒子”网络交流平台等方式培训在校的老师成为梦想课合格讲授者和终身学习者。

“四方联动”赋能模式则是结合政府配套、企业（或私人）捐赠、高校支持，以及真爱梦想自身在公益领域的不断创新所逐渐摸索出的一套跨界合作模式。具体来说：教育专家主要负责持续设计更新课程，并在课程推动中获得反馈与升级；捐赠人捐出资金和志愿者资源，帮助建设梦想中心并将最新的知识和技能带给孩子们；当地政府出资或配资采购，支持梦想中心建设和素养教育探索，同时提供相应的政策支持，实现梦想中心的区块化规模发展；通过教育局打开校门，将学校从接受梦想中心的“受助者”角色转变为参与梦想中心建设的“合伙人”角色；在项目执行过程中，注重为老师赋能，将一线教师带入梦想课程的创造与迭代升级中，鼓励他们将梦想课程的理念融入进自己本学科的教学。

“四方联动”的跨界模式通过调动多方力量参与教育，明显提高了公益团队的协同与资源整合能力。同时，非营利的运营基础也为整个协同组织方式注入了信任的血液，使得四方联结共同推动儿童素养教育获得了可持续的基础。

截至 2023 年 12 月，真爱梦想累计捐赠建设学校梦想中心 5900 间，梦想课程开课累计 568 万节，惠及师生超过 677 万人。

▲案例分析题

1. 请问此项目体现了公益慈善项目的哪些特征？
2. 请分析此项目体现的公益慈善项目管理原则。

▲本章思考题

1. 公益慈善项目的领域和来源包括哪些？
2. 公益慈善项目具有哪些特征？
3. 项目管理生命周期包括哪些阶段？
4. 项目管理具有哪些特征？
5. 公益慈善项目管理应遵循哪些原则？

第二章

项目开发与设计

本章要点

1. 精准界定服务对象需求的方法
2. 利益相关方基本特征
3. 制定服务规划的内容和方法
4. 项目可行性分析内容与流程
5. 项目建议书的关键要点

第一节　概述

项目开发与设计是公益慈善项目管理的第一个阶段，此阶段需要回应诸如为什么要开展这个项目、项目要解决什么问题、是谁的问题、项目将通过什么方式来实现目标等关键问题。因此，项目开发与设计指明了公益慈善项目的方向，决定了项目的基本走向。项目开发与设计主要包括明确服务需求、了解利益相关方、分析服务需求、制定服务规划、分析项目可行性、撰写项目建议书等关键环节，见表 2.1。

表 2.1　项目开发与设计的关键环节

关键环节	主要内容
明确服务需求	为科学开发和设计公益慈善项目，需要对服务对象进行精准界定，准确掌握服务对象的真实需求，为服务对象提供更有针对性的服务。
了解利益相关方	公益慈善项目涉及影响者、捐赠者、受助者、志愿者、执行者等多个利益相关方，需要了解他们在公益慈善项目中的关联、利益、需求、影响力、支持度等。
分析服务需求	公益慈善项目的开发与设计阶段，需要选择合适的方法，对问题的性质、类型等进行分析，进而根据项目给服务对象带来的正向的成长、改变及影响等设定项目目标，最后选择项目干预的内容。
制定服务规划	制定服务规划是从问题出发，将宏观目标转换为具体目标和措施的过程。按照逻辑框架法的要求，通过分析连接矩阵不同层级的纵向和横向因果关系，来确定和呈现项目中各要素的逻辑关系，明确项目活动如何导向项目产出和成果。

续表

关键环节	主要内容
分析项目可行性	公益慈善项目的可行性分析，是对项目在风险上是否可控、人员上是否有利、项目是否可持续等进行综合分析和全面评价，具体包括项目实施的可能性、有效性、如何实施、相关技术方案、潜在风险、人力和财务支持以及项目可持续性等。
撰写项目建议书	项目建议书是项目开发与设计阶段的重要产出，通常包括概述、问题及需求、受益对象、项目目的及目标、实施方案及计划、项目评估与监测、机构及人员资质、项目预算等内容，同时还会考虑项目风险、可持续性、创新性、可复制性、影响力等。

在公益慈善项目的开发与设计阶段，慈善组织需要根据本组织的战略愿景，采用科学的方法对服务对象进行精准识别。根据要解决的具体社会问题、外部宏观环境、相关组织的项目开展情况等明确服务需求。同时，慈善组织需要识别利益相关方，并对利益相关方的需求加以了解，在项目开发与设计中进行整合，最大程度推动利益相关方参与项目全过程，从而保证项目目标的实现。

第二节　明确服务需求

一、界定服务对象

界定服务对象，就是明确公益慈善项目的目标群体。界定服务对象的基础是服务需求的差异性。

（一）明确服务对象的作用

1. 优化公益慈善资源配置

明确项目的服务对象和目标群体，有利于公益慈善组织集中使用和分配资源，进而优化慈善资源配置。在明确对象和聚焦人群的基础上，权衡社会问题的严重性与公益慈善组织自身能力的匹配度，然后整合各方人力、物力和财力等各种资源，形成解决社会问题的或服务对象境况的力量优势，从而有利于服务对象困境的改善与社会问题的解决。

2. 扩大公益慈善项目的影响力

在充分考虑目标群体需求差异性的基础上，以服务对象为中心进行项目开发与设计，可以提高公益慈善项目的成功率，使广大服务对象从公益慈善项目中获益，从而扩大具体项目的社会影响力。

3. 增强公益慈善项目的竞争力

对服务对象进行界定和聚焦，可以提升需求调研的针对性与信息的准确性，使公益慈善组织及时、准确地掌握服务对象的人口特点、心理特征、外部环境等信息，提升公益慈善项目的针对性与适应性，公益慈善组织能够及时、准确地规划项目活动的开展，增强公益慈善项目的竞争力。

4. 挖掘公益慈善项目的空白点

通过明确服务对象和聚焦人群，公益慈善组织可以全面了解相关领域服务对象在需求内容、需求程度等方面的差异，发现公共需求、组织需求等领域的空白点，从而获得项目创新、组织发展的空间和机遇，有利于社会问题的持续改善与公益慈善组织的良性发展。

（二）明确服务对象的方法

公益慈善组织的服务项目种类多样，没有统一的需求标准，即便是同类型的项目，需求标准也会因社会经济、实施地域等组织外部因素不同而变化。所以，要充分考虑服务对象的特点。在明确服务对象的过程中，需要依据科学的方法和技术手段，客观全面地分析公益慈善项目的服务对象。常用的方法包括人口结构分析法、人口流动分析法等。

1. 人口结构分析法

主要研究人口的年龄、性别、教育程度、职业等方面的分布情况和变化趋势。其中，人口年龄结构分析是人口结构分析的重点内容之一。通过对不同年龄组人口数量、比例和变化趋势的分析，可以了解社会的老龄化程度、人口的劳动力供求关系等。

例如，上海静安幸福益站志愿服务中心分析了曹家渡街道的老龄人口结构，即曹家渡街道下设 14 个居委会，户籍人口约 6.8 万人，60 岁及以上人口约 2.05 万人，80 岁及以上高龄老年人口 4034 人，老龄人口占总人口的比重约 30%，老龄化程度较高，该机构在 2016 年设计实施“老伙伴微关爱计划”，旨在通过本社区、本楼宇低年龄老人结成对子，帮助高年龄社区老人，提供就近互帮服务。

2. 人口流动分析法

主要研究人口的迁移、转移和流动情况，人口流动是人口分布变化的重要方面，通过对人口流动的产生原因、规模和趋势的研究，可以为公益慈善项目开发提供科学依据。如年轻人口流动的原因通常与就业、教育、婚姻等有关，老年人口流动主要受医疗、养老等因素影响，对于开发相应人群的公益慈善项目具有重要意义。

例如，上海市阳光社区青少年事务中心于 2013 年在市慈善基金会、市慈善基金会普陀区分会、长征镇和曹杨工业园区的支持下，开发了“普陀区长征镇工业园区外来务工青年融入社区服务项目”。这是因为，外来务工人员已成为上海市城市建设与发展的重要力量。然而，成长环境的不同会造成部分外来务工人员业余文化生活匮乏、政策知识缺乏、企业社会责任意识缺失等问题。上海市阳光社区青少年事务中心立足普陀区长征镇，丰富外来务工者的文化生活，提高他们的生活质量，帮助他们学习了解社区公共服务，努力构建其社区互助网络，增强他们的城市归属感。

在进行人口分析时，需要收集和整理大量的人口数据，人口数据的来源包括国家统计局、人口普查、抽样调查、实地调查、座谈访谈等。除了数据来源，人口分析还需要使用一些工具来处理和分析数据，常用的工具包括 Excel、SPSS 等统计软件，以及 Python、R 等编程语言。

确定服务对象的基本范畴后，需要划定项目的整体范围，通过实地调查等方法确定项目的执行范围，包括服务的类型、覆盖的领域、服务对象的规模等，实现服务对象的针对性、普遍性。

2016 年 12 月 26 日，在浙江省妇联、省民政厅的大力支持下，浙江省妇女儿童基金会联合阿里巴巴公益基金会启动了“低保家庭儿童关爱”公益项目——“焕新乐园”。该项目以有 5—14 周岁儿童的低保、低保边缘家庭为主要服务对象，以“提升儿童及家庭综合发展能力”为目标，聚焦改善困境家庭儿童居住环境，有效解决困境家庭儿童普遍面临的居住条件简陋、家庭教育缺失、陪伴关爱缺乏等问题，为儿童及其家庭赋能，通过整合政府、企业、社会三方力量，介入困境家庭儿童的物理、精神、社会支持三重环境。该项目至今已经连续开展近 8 年，取得了很大成果，先后获得第六届“浙江慈善奖”、第四届中国企业社会责任公益组织“社会价值共创”案例典范奖、首届“浙江省志愿服务大赛优胜奖”等多个奖项，并入选浙江省十大优秀慈善项目、中国好公益平台“优质公益项目”（2018）、中国慈善项目大赛百强项目（2020）、全国社会治理创新案例（2022）。

截至 2021 年 12 月，“焕新乐园”项目累计筹集资金 7011.17 万元，带动全国 250 余家社会组织，为全国 8222 户困境家庭的儿童布置独立、安全且保护隐私的小小空间，改善环境，陪伴成长。项目覆盖全国 23 个省（自治区、直辖市）、83 个设区市、205 个县（市、区），带动 4 万余名志愿者共同参与，提供陪伴关爱超过16万人次。在“焕新乐园”项目中，服务对象的筛选标准为：（1）有地方政府提供的相关证明（如低保证等），家庭经济困难；（2）家中有5至14周岁的孩子；（3）住所三年内没有改建、搬迁计划；（4）儿童及家庭愿意参与项目，接受志愿者一年的陪伴跟进。

二、收集相关信息

（一）收集信息的种类

1. 公益慈善项目的宏观信息

收集公益慈善项目宏观信息的目的是全面地理解项目所处环境和背景，收集的数据主要包括以下内容：公益慈善项目所面临的国家、地区或行业的有关法律法规或习俗；民政部、生态环境部、人力资源和社会保障等中央政府部门制定的发展规划，不同地区的社会文化条件和规范、自然环境等。

2. 公益慈善项目的微观信息

收集公益慈善项目微观信息的目的是更全面地理解项目具体情况和需求，收集的信息包括以下内容：公益慈善项目目标区域的优势、机会和远景目标，项目所覆盖对象的规模、结构、需求等，公益慈善项目是否符合组织的目标宗旨和发展战略，组织经由项目设计和实施将实现何种程度的发展等。

（二）收集服务需求信息的途径

1. 实地考察和调研

实地考察和调研可以准确掌握服务对象或目标群体存在的实际困难和需求，是系统收集、分析和报告有关项目信息的过程。通过问卷调查、参与式观察、访谈等调研方法，可以获取有关目标群体的特征与需求、项目的可及性和发展潜力、同类项目的开展情况等真实、客观的信息。

如，上海静安区易欣老年服务中心应静安区曹家渡街道的委托，携手复旦大学社会工作专业硕士研究生调研团队，在曹家渡开展了以长者生活体验服务需求为核心的社区调查，旨在为曹家渡制定长者生活体验服务提供依据。调研团队用时 1 个月，采取定性和定量相结合的方法，运用了问卷调查、参与式观察、半结构式访谈法等对街道的社区需求进行了全面深度的评估。

第一，问卷调查。为保证调查具有代表性，结合曹家渡街道 14 个居委会，问卷调查采用配额抽样与随机抽样结合的方法选取样本。具体操作方法是：第一步，配额，每个居委会分配 10 个名额；第二步，随机抽样，在每个居委会所管辖社区内随机抽取 10 名符合条件者填写“上海市静安区曹家渡街道调研问卷”。通过对调查问卷填写的统一培训后，由社区工作者和志愿者上门询问，填写调查问卷。共历时一个月，其间包括社区工作者问卷调查能力培训，调查表发放、填写、收集、数据录入与统计等多个步骤。本次调查共发放调查问卷 140 份，实际回收 127 份，有效回收率为 90.71%，问卷主要呈现了 127 名调研对象的基本情况，包括年龄、对老人的认知等。

第二，参与式观察。调查团队成员在曹家渡走访调研过程中，观察调研对象（学生、社区工作者、医护人员、银行工作人员、公共交通服务人员等），记录关键事件。访谈者将随机访谈与正式访谈相结合，其中正式访谈时研究者按结构式提纲进行。观察与访谈的结合有利于研究者更为深入地理解调研对象的行为。通过对服务对象进行参与式观察，并就调研详细整理和汇总访谈记录，最终确定长者生活体验的人群。

第三，半结构式访谈法。半结构式访谈是指按照一个粗线条式的访谈提纲而进行的非正式访谈。该方法对访谈对象的条件、所要询问的问题等只有一个粗略的基本要求，访谈者可以根据访谈时的实际情况灵活地做出必要的调整，至于提问的方式和顺序、访谈对象回答的方式、访谈记录的方式以及访谈的时间和地点等没有具体的要求，由访谈者根据情况灵活处理。调查团队成员针对社区内长者及照顾家属进行了访谈，对他们的基本情况及服务需求进行梳理。

2. 政府部门的政策文件

相关政府部门会定期针对职能范围内的事项公布各类报告，如政府公告、政策文件、工作计划、统计数据、工作报告等。上述报告可以帮助提升公益慈善项目的权威性，帮助其获得资助机会。

以“焕新乐园”项目为例，该项目是对精准扶贫、关爱留守儿童等重大国家战略的积极响应。2017 年，党的十九大报告指出要坚持精准扶贫、精准脱贫，坚持大扶贫格局，注重扶贫同扶志、扶智相结合，通过教育扶贫、产业脱贫、异地搬迁等方式助力脱贫攻坚战的胜利。在这样的大背景下，“焕新乐园”项目聚焦于贫困家庭的物理环境、精神环境及社会环境的三重介入，以提升儿童及家庭综合能力为宗旨，是对精准扶贫战略的积极响应，充分彰显了社会工作专业力量和社会各界爱心力量参与扶贫事业的勇气和决心。此外，2016 年国务院《关于加强农村留守儿童关爱保护工作的意见》中要求社会力量积极参与农村留守儿童关爱保护工作体系的全面建立，开展留守儿童监护指导、心理疏导、行为矫治、家庭关系调适等等专业服务。“焕新乐园”项目因面向登记在册的全国范围内的低保家庭，有大量的受助对象均为农村留守儿童，项目内容中包含的陪伴关爱、主题活动等是社会力量参与留守儿童关爱保护的重要体现，是推进社会工作专业力量和志愿服务力量帮扶留守儿童的重要举措。

3. 专业机构的研究成果

高校、研究所、社会智库等专业学术研究机构，都会在研究领域内对某些特定问题进行研究，并且发布或出版一些科研成果、研究报告、咨询报告等。上述信息具有一定的前瞻性，能够较为严谨客观地对某一问题的未来发展趋势进行预测和分析。

如，静安寺街道居家养老服务中心携手上海龙鼎医药科技有限公司，在静安寺社区开展了以老年痴呆预防干预需求为核心的社区调查，旨在为发现患有老年痴呆基因的人群进行预防干预提供依据。在调研过程中，调研团队人员通过搜集、整理老年痴呆症相关文献资料，包括《中国临床心理学杂志》《中国神经精神疾病杂志》，以及阿尔茨海默病的发病率、老年人日常生活活动功能评定、饮食预防阿尔茨海默病指南等文献，并对文献进行研究，形成整体上的认识。

4. 媒体报道

媒体报道信息主要包括传统媒体（电视、广播、报纸、杂志等）、网络媒体（互联网、手机、社交媒体等），以及自媒体等所报道的信息。媒体报道所发布的需求信息具有较为广泛的社会影响力，能够较为迅速地引起社会关注，但应注意甄别信息的真实性和客观性。

三、服务需求的互证分析

（一）进行互证分析的作用

在信息收集过程中，对同一问题要采用不同的信息、不同的途径进行信息收集，可以将通过不同途径收集到的信息进行互相验证和补充，可以限制问题界定的主观性，并从不同视角探寻真实的“需求”。提高信息的真实性和客观性。

数据互证方法是一项功能强大的技术，借助这一技术，我们可以从两个以上的来源对数据进行交叉验证，从而进行数据确认。如果一项研究只用了一种数据收集方法（视角），那么，研究人员有可能被诱导认为调研成果得到了强有力的证据支持。如果研究人员运用了两种方法（视角），那么，成果可能会迥然不同。但是，运用三种方法 / 视角回答问题，则期望至少其中两种所得到的成果能够互相印证。另一方面，如果出现三种相互矛盾的成果，调研者就会知道需要重新界定问题，或者重新考虑研究方法，抑或两者都要推倒重来。

数据互证分析结合运用多个视角和方法，研究者可以克服采用单一方法或者从单一观察者角度采集数据而引起的不足或者偏差和问题，不仅可以提高服务需求信息的丰富程度，也有利于通过多源验证进而提升成果的信度与效度。

（二）Bradshaw 的四类社会需求

在需求识别过程中运用数据互证，美国社会学家布拉德肖（Jonathan Bradshaw，1972）认为一个社区中有感受性、表达性、规范性和比较性等四种类型的需求，所有这四种类型的需求都出现时则表明可能是一种“真正”的需求。

1. 感受性需求

感受性需求是人们在自己现实生活中感觉到的需求，这些需求基于服务对象自己的体验，反映的是人们细致微观的真实诉求。感受性需求可能是主观的，并且可以直观地描述为“想要”。它受到个人知识和期望的影响，但有可能是不现实和 / 或不能负担的。例如，他 / 她不知道有可用的服务，或者有的人不愿意承认自己的需求，因为这也许会体现出他们的无能，如有人不愿意领取救济金等。

2. 表达性需求

这类需求是指将感受性需求通过实际行动展现在公众面前，通常是通过观察识别出来的。表达性需求是将感受性需求转化为实际行动的结果，即人们在行动上表现出来的某种“需求”。例如，通过媒体发声、寻求公益组织的帮助等就是人们的表达性需求没被满足的体现。

3. 规范性需求

这类需求指的是专家或专业人员、管理人员或社会科学家认为社会成员在任何情况下都需要的。它是一个“理想”的标准，并与实际存在的标准进行比较——如果个人或群体达不到理想的标准，那么他们被认定为有需要。如贫困标准、低收入标准等。但是不同专家可能会有不同且可能相互冲突的标准。根据不同专家的价值取向，对需求的规范性定义可能会有所不同。由于知识的发展以及社会价值观的变化，规范标准也会随时间而变化（唐焕利，2019）。

4. 比较性需求

这类需求是指通过研究接受服务的人群的特征来获得需求的量度，最常被用来比较人们对资源的获取情况，认为需求是一个相对概念。因此，在人与人之间进行比较的情况下，必定会发生关于需求的争论。例如，甲具有某种特征，因而接受了某种服务，而乙也具有相同的特征，但是没有接受相应的服务，所以在这里乙是有这种服务需求的。这种定义可以用于评估个人和地区的需求，这是一种优先为个人提供社会服务时筛选服务资格的粗略规则，也就是说没有得到相应服务的乙是应该被优先满足需求的。

以流动儿童家庭的社会服务需求为例，上述四类需求内容如表 2.2 所示。

表 2.2　流动儿童家庭的社会服务需求

需求类型	需求内容	示例
感受性需求	教育需求、行为规范的需求、儿童正面成长的需求	流动家庭都希望子女能够进入公立学校上学
表达性需求	教育需求、儿童正面成长需求	上海政府官方网站显示，向政府、媒体反映子女的教育问题在长期于上海务工的流动人口中比较普遍，主要是公办幼儿园、公办小学、公办初中的入学问题
规范性需求	教育需求、儿童正面成长需求、社会融入的需求、获得社会保障的需求	2006 年，《国务院关于解决农民工问题的若干意见》明确指出要保障农民工子女平等接受义务教育
比较性需求	教育需求、社会融合的需求、儿童正面成长的需求	本地儿童能够就近进入公立学校入学，但是流动儿童却连进入公立学校的名额也要通过各种方式才有可能争取到。同本地儿童相比，流动儿童的学前教育和义务教育是他们亟待满足的需求

图表来源：整理自唐焕利，2019。

第三节　了解项目的利益相关方

利益相关方是“能够影响一个组织目标的实现，或者受到一个组织实现其目标过程影响的所有个体和群体”（弗里曼，2006），其本质要协调利益相关方的利益安排，从而实现组织目标。随着公益慈善项目越来越复杂，一个项目的成功愈发依赖于利益相关方的支持和参与。

经验表明，如果利益相关方在项目中被忽视、误解、排除在外，或者他们的利益在项目开展期间未得到充分代表，就会导致意外的不利影响。项目团队如果能投入必要的时间，全面识别并理解利益相关方，将会从以下方面受益：更加明确了解将受到项目活动影响并从中受益的个人、团体和机构；更好地显示这些利益相关方的能力；更加了解谁将影响项目的规划和实施并为此做出贡献。

要想成功，项目团队就要制定管理这些利益相关方关系的原则。团队成员要理解各种利益与关系的现实性和复杂性，评估和预测项目对所有利益相关方的影响（积极和消极的），设计和执行鼓励参与项目和加强沟通的参与计划。

一、利益相关方识别

项目的本质内涵是为满足其各利益相关方特定需求而构建的社会网络平台，项目管理的目的就在于建立和维护项目利益相关方之间的规制关系（丁荣贵、高航等，2013）。因此，界定和识别公益慈善项目的利益相关方非常关键。公益慈善项目的利益相关方，是指那些能够影响公益慈善项目目标实现，或者被公益慈善项目目标影响的个人、组织或群体。一般而言，公益慈善项目的利益相关方主要包括以下几类（如表2.3所示）：

表 2.3　公益慈善项目的利益相关方

类别	描述
影响者	能够通过倡导成立、主管业务、政策支持、智力支持、引导宣传等方式对项目方向产生影响的个体或组织，如政府、媒体、慈善组织、研究机构等
捐赠者	通过投入捐赠资源的类型、多少、大小等影响项目持续性的个体或组织，如公民、政府、基金会、企业等
受助者	将会从公益慈善项目中直接或间接受益的人，如服务对象、间接受益者
志愿者	通过投入专业、技能、时间等方式自愿、无偿参与公益慈善项目的个体
执行者	管理项目工作使之有效运行的个体或团体，如项目管理团队、审计人员等

除了上述5种关键利益相关方以外，公益慈善项目还存在广泛的次级利益相关方，如同类项目的竞争者、合作伙伴、服务对象的亲朋、社区普通居民等。对利益相关方进行识别时，需要注意的是，利益相关方可能会属于多个类别，如志愿者可能同时是捐赠者；随着公益慈善项目

的发展，利益相关方可能会发生变化。

二、利益相关方分析

在识别出公益慈善项目的利益相关方后，需要了解他们在公益慈善项目中的利益关系、需求、影响力、支持度等。对利益相关方进行分析的目的包括：

第一，找出利益相关方的利益关系。涉及的问题包括他们因项目可能得到或者失去什么、利益相关方对项目有什么（积极和/或消极的）期望、他们可以提供什么资源、他们有什么潜在作用、他们拥有什么能力、他们是项目支持者还是阻碍者？

第二，勾勒出利益相关方的影响力。影响力指的是利益相关方对一个项目所拥有的权力，例如他们的决策权限、他们影响项目活动或影响其他利益相关方的能力。在利益相关方之间的关系中，合作或者冲突的程度怎样？对于紧急问题、潜在的问题或者问题的根源，谁有权限做出变更？

利益相关方分析方法主要包括韦恩图和分析矩阵等。

（一）韦恩图

韦恩图是从一个项目利益相关方的视角来绘制的。图中每一个圆圈表示项目涉及的一个利益相关方。所用圆圈的大小表示每一个利益相关方的相对权利/影响力，而圆圈之间的空间隔离表示不同团体/机构之间的工作关系/互动的相对强弱。韦恩图通常被用作一个参与式的规划工具，推动目标团体参与，帮助他们理解这种相互关系。

在“焕新乐园”项目中，利益相关方及其对项目的影响主要包括：第一，浙江省妇联、省民政厅对项目进行指导、监督，执行地的各区县级妇联、民政部门对项目落地提供当地资源支持和执行监督。第二，通过阿里巴巴公益、腾讯公益、支付宝公益等互联网平台捐赠的爱心商家或网友，资金比例在 90%；通过妇联、基金会宣传等渠道获得爱心企业和个人捐赠支持，资金比例在 10%。第三，全国 250 余家社会组织，负责项目在当地的受助人摸排、项目执行（改善 + 陪伴）、联合宣传筹款、当地相关资源对接。通过公开招募、专家评审等环节纳入项目合作伙伴承接项目执行。基于此，图 2.1 的韦恩图就阐述了在“焕新乐园”项目中，与改善低保家庭儿童居住环境相关的多个利益相关方之间的权力与影响力关系。

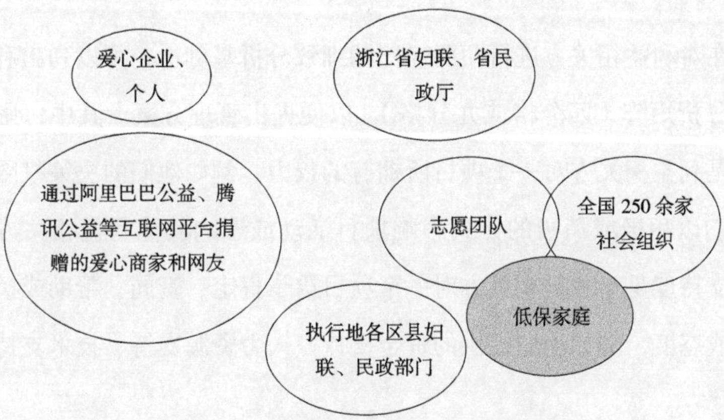

图 2.1　“焕新乐园”项目的韦恩图

（二）分析矩阵

利益相关方分析矩阵则是利用韦恩图的分析成果，进一步识别、详细阐述和传达项目利益相关方的利益、能力和潜在作用。与韦恩图不同，借助矩阵，可进一步获得与利益相关方及其利益、影响力和针对利益相关方利益采取的潜在行动有关的补充数据。利益相关方分析矩阵是一个活的文件，在整个项目过程中的某些特定节点应该不断进行更新。

如表 2.4 所示，利益相关方分析矩阵对公益慈善项目的利益相关方进行优势和劣势的比较，对其本身在项目中所处的利益或利害关系、正面或负面关系进行详细阐述。

表 2.4　利益相关方分析矩阵

利益相关方描述	利益相关方类别	利益	支持度	影响力
××××××	××××××	××××××	××××××	××××××
××××××	××××××	××××××	××××××	××××××
××××××	××××××	××××××	××××××	××××××

在对利益相关方进行两两对比的细致分析基础上，可以列出利益相关方分析矩阵（四分格或九分格），以便提出管理方案。其中，影响力指的是利益相关方对一个项目所拥有的权力，例如他们的决策权限，或者他们以积极或消极的方式影响项目活动或影响其他利益相关方的能力。支持度是指利益相关方对一个项目给予肯定、赞同、帮助或援助的行为或态度，例如他们提供的资金支持、人力资源支持、技术支持等。

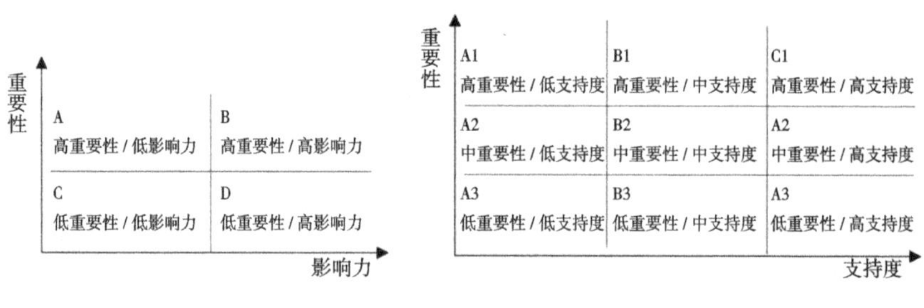

图 2.2　利益相关方的四分矩阵图与九分矩阵图

三、利益相关方参与

在对利益相关方的权力、影响力、重要性、支持度及其对项目的影响进行分析的基础上，需要在项目开发与设计阶段建立利益相关方参与机制，使利益相关方既能及时了解项目的情况，又能促进项目的有效实施。

为了确保利益相关方在项目中适时地参与，可以根据利益相关方的特点和需求，对参与机制进行定制。对于关键的、内部的利益相关方，可以鼓励他们积极参与项目团队，分享自己的专业知识、服务技能与专业经验；对于次级、外部的利益相关方，可以通过组织会议、工作坊、研讨会等形式，与他们共同讨论和制定相关项目决策。更为重要的是，所有的利益相关方均是公益慈善组织的合作伙伴，因此应通过项目的开发、设计、实施等过程，尊重利益相关方的需求与权益，并寻求与他们的合作，建立良好的信任基础，共同解决问题、实现目标、创造价值。

四、利益相关方沟通

在项目开发与设计阶段，需要进行利益相关方的沟通规划，加强与利益相关方沟通，通过沟通达成共识，从而促进目标群体的成果最大化。在这个过程中，需要明确与谁进行沟通、沟通什么内容以及何时沟通，通过利益相关方的沟通规划，确保不同类型利益相关方的反馈和建议得到考虑。

沟通计划通常包含以下内容：一是确定沟通的方法，如叙述、汇报、工作坊、访谈、财务报告、新闻宣传稿等；二是确定沟通的时间，如制定定期会议时间表；三是规划沟通的内容，如分享项目的进展、决策和结果，征求意见和反馈等。与利益相关方的沟通规划要确定何时、如何、与谁沟通，可以采用如表 2.5 所示的沟通模版，项目存续期间的沟通工作一目了然。

表 2.5　与利益相关方的沟通计划

利益相关方	沟通方法	沟通内容	沟通频率	负责成员
示例：捐赠者	报告	项目产出与成果进度；财务状况等	每月一次	项目主管
××××××	××××××	××××××	××××××	××××××
××××××	××××××	××××××	××××××	××××××
××××××	××××××	××××××	××××××	××××××

第四节　分析服务需求

一、问题分析

公益慈善项目所指向的“问题”，更多的是公共问题，即一定数量的社会成员感知其期望的目标、价值或景况，与现实获得价值、利益或景况存在显著差距，因而需要通过各种方式将其缩小差距的要求公之于众，以争取社会同情和支持，或谋求政府关注和予以解决的一种情境（宁骚，2018）。上述问题能够通过公益慈善项目的实施获得改善或解决，因此，在项目开发与设计阶段，需要对问题进行分析。

（一）问题的性质

第一，公共性与关联性。公益慈善项目所面临的问题一般都发生在社会公共领域，与大多数人的生活息息相关，并且问题都不是孤立的，会与其他领域、地区或部门的问题有不同程度的关联性，彼此相互作用、相互影响。因此在问题分析时，要寻求政府、企业等利益相关方的支持，从社会系统的高度去开发和设计项目。

第二，客观性与主观性。公益慈善项目面临的任何问题都是基于一定客观的社会现实而产生的，但同时又牵涉人们的主观价值判断、切身感受，并需要分析研究和其他主动行为以解决。例如失独家庭的感情慰藉、生活困难等问题既是客观现实，又涉及主观感受。

第三，历史性与动态性。公益慈善项目所指向的问题，从成因来看都不是突发的，而是要经历一个逐步发展的过程才会达到普遍化和严重化的程度，且会随着成因、环境等的变化而变化。因此在分析问题时，需要关注项目的适应性，以能够及时做出回应和调整。

（二）问题的分类

第一，根据问题发生的领域，按照《慈善法》第三条规定，慈善活动的领域涉及扶贫、济困；扶老、救孤、恤病、助残、优抚；救助自然灾害、事故灾难和公共卫生事件等突发事件造成的损害；促进教育、科学、文化、卫生、体育等事业的发展；防治污染和其他公害，保护和改善生态环境；符合本法规定的其他公益活动。

第二，根据作用范围，可以划分为国际问题、全国性问题、区域性问题和地方性问题。针对不同作用范围的问题，既需要考虑项目方案设计的普遍性，又需要考虑本区域、本地方的独特性。

第三，根据问题的结构，可以划分为结构优良、结构适度、结构不良三种类型（威廉·邓恩，2002），见表 2.6。结构优良的问题往往包含了一个或几个决策者和少数几个备选方案，决策者在解决方案的效用或价值方面能够达成一致；结构适度的问题通常包含一个或少数几个决策者和数量相对有限的备选方案，但解决方案的后果是不确定的；结构不良的问题则包含了许多决策者，其效用和价值未知或者不可排列，无法达成共识（陈振明，2004；陈庆云，2011）。公益慈善项目需要尽量选择结构优良的问题进行干预。

表 2.6　问题的结构类型

要素	问题的结构		
	结构优良	结构适度	结构不良
决策者	一人或几人	一人或少数人	许多
备选方案数量	有限	相对有限	无限
效用（价值）	一致	一致	冲突
结果	确定性或风险性	不确定	未知
概率	可计算	不可计算	不可计算

（三）问题分析方法

公益慈善项目的问题分析，不仅需要充分了解问题情境，而且要运用创造性的判断力和洞察力，对问题的特性进行描述，包括问题产生的原因、问题的状态、涉及的专业领域和利益相关方、有哪些利害关系等。

第一，边界分析法。这是一种对公共问题的本质属性和实际范围进行分析和界定的方法。如扶贫类项目，需要分清贫穷和其他经济状况的区别，定出贫穷的标准，对贫穷做出界定，从而确定扶贫对象及其生存状态等。

第二，类别分析法。通常需要经过逻辑区分和逻辑归类两个过程。逻辑区分是指将某种问题细分成许多此类的过程，如将环境污染问题细分成空气污染、水污染、光污染、噪声污染等；逻辑归类是指将许多问题组合成一个大的类别，如空气污染、水污染、光污染、噪声污染等统称为环境污染问题。

第三，头脑风暴法。通常由一定数量的人员，尤其是一些专家学者、利益相关方等，从各个角度共同讨论项目相关的问题，并因此激发大量新构想的方法。

第四，问题树分析法。绘制问题树时，最重要的是要从识别“核心问题”开始，“核心问题”可以采用头脑风暴法识别，也可以根据对现有信息的初步分析预先识别。确定核心问题后，可以根据以下说明来完成问题树的详细描述：

（1）将直接引起核心问题的原因置于问题树的下方（因）；

（2）将核心问题导致的直接后果（表象）置于问题树的上方（果）。

问题树的逻辑背后隐含的指导问题是：“什么原因造成这种情况？”如果有两个或两个以上的原因一起造成一种后果，则它们在图中被置于同一个层次。因果箭头号用来连接问题树的各个层级，见图 2.3。

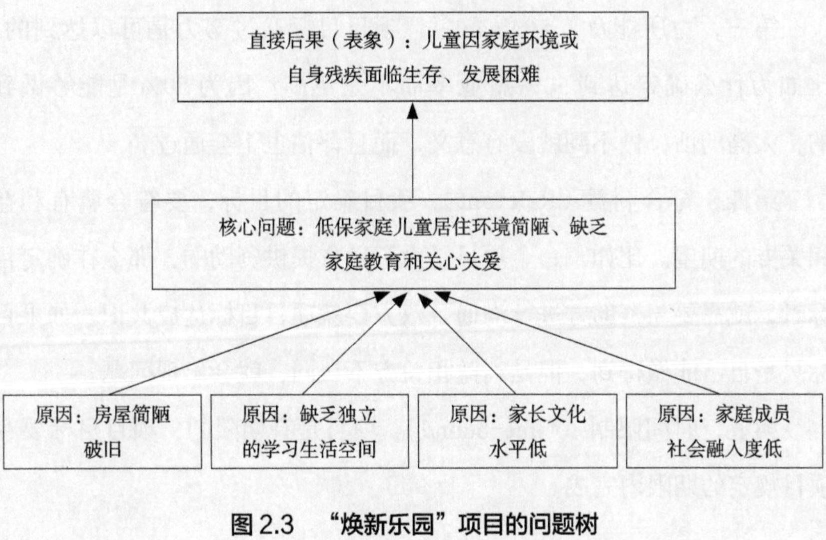

图 2.3　“焕新乐园”项目的问题树

二、目标分析

项目目标，就是项目结束后给服务对象带来的正向的成长、改变及影响。判断公益慈善项目是否具有专业性，主要是看目标设定是否站在服务对象的角度，该目标是否给服务对象带来了积极的改变和影响（周文坤，2017）。

（一）项目目标的特点

一个好的项目目标应符合目标管理的 SMART 原则，即具有以下五个特点：

第一，简单易懂（Specific）。项目目标必须简单明了，不要抽象空洞，要让人一看就很清楚地知道项目到底要取得什么样的结果。如，就业培训项目的一个目标就是“促进学员就业”。

第二，结果可测（Measurable）。项目目标应该是可以衡量的，可以通过量化的指标来衡量目标是否达成。如，用“达到 50% 就业率”来证明“促进学员就业”目标的达成。

第三，力所能及（Attainable）。项目目标通过努力是可以达到的，比如为什么确定达到 50% 就业率而不是更高？因为 50% 是能够做到的，太高的话，做不到就没有意义，而且评估也不会通过。

第四，符合利益（Relevant）。项目确定的目标，要符合所有利益相关方的期望。比如，一个项目是由资助方提供资助的，那么在确定目标时，就需要与资助方进行沟通，双方要就项目目标达成共识。如果目标只是自己能做得到，但是利益相关方不认同，就会出现问题。

第五，时间限制（Time-bound）。项目是有期限的，项目目标要在项目规定的期限内完成。

（二）项目目标的流程

明确了项目所要回应的问题，以及好的项目应具备的特点，可以从以下步骤去设置项目的目标。

首先，绘制目标树。一是绘制树干，即将“问题”转化为“整体目标”，也就是问题解决后会出现的状态。二是绘制树枝，即将“消极后果”转化为“积极后果”，也就是当项目完成后，会逐步给服务对象带来的积极影响。需要注意的是，“积极后果”未必能够在项目结束后达到，而是朝着这个方向逐步迈进。三是将“原因”转化为“目标”，即将问题中的每个原因改为正向的表述，见图 2.4。

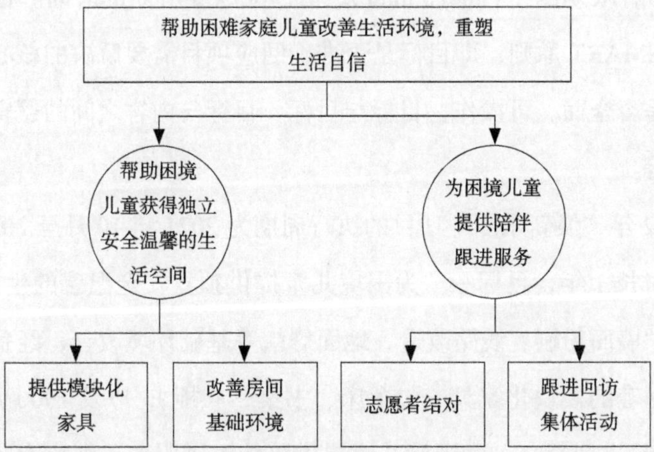

图 2.4　“焕新乐园”项目的目标树

其次，确定目标层次，并明确各层次的目标内容。目标层次包含宏观、中观和微观三个层次。宏观目标是指社会 / 政策层面的目标，中观目标是指群体、家庭或社区层面的目标，微观目标是指服务对象个人层面的目标。通过目标分层，可以避免以偏概全，提升项目目标的全面性、系统性。宏观目标应该包括该项目对整个社会所带来的影响，包括政策倡导、社会认知等方面；中观目标包括构建该群体或家庭的社会支持网络、社区局部或整体改变等；微观目标是指项目结束后，服务对象个人层面的改变，即服务对象在项目结束后应该做到什么。

在“焕新乐园”项目中，宏观目标即“阻断相对贫困代际传递，推动弱势群体共享社会文明”，中观目标则是“为困境儿童提供更多更好的教育资源、重塑生活自信”，微观目标则细化为“第一，为困境儿童提供独立安全温馨的生活空间；第二，为困境儿童提供陪伴跟进服务”。

再次，撰写服务目标，检视目标逻辑。在撰写具体目标的过程中，可遵循目标设定“QQT”三部曲：第一个 Q 即数量（Quantity），以量化表述指标；第二个 Q 即质量（Quality），具体地表述改变范围或内容；T 即有限期的（Time-bound），指达成改变所需的时间。检视目标应符合 SMART 原则，即目标是否准确回应项目需要解决的核心问题或需要，是否全面、可操作，目标与目标、目标与内容之间的逻辑关系是否合理等。

2022 年“焕新乐园”项目的执行周期为 2021 年 10 月至 2022 年 10 月，总时长 1 年，目标一“为困境儿童提供独立安全温馨的生活空间”细化为“墙面粉刷、线路改造、地面修缮等基础环境改善，经费标准为 4000 元 / 套的模块化家具（包含床、书桌、衣柜），以及 1000 元 / 户的补充经费”；目标二“为困境儿童提供陪伴跟进服务”细化为“每个服务对象有 9 次入户陪伴并每人 3 次集体活动，经费标准为 2500 元 / 户”。

最后，确定项目目标。通过分析项目的主客观环境，识别到哪些目标最需要回应，哪些策略组合最能带来正向的改变，并结合资助方的要求、机构解决问题的能力、利益相关方的分析以及项目的可持续性等方面进行解决问题目标的选取。同时，对已经选取的目标进行排序，确认目标优先级别。在机构宗旨、项目资源和团队能力允许的范围内，优先考虑重要的、紧急的、迫切的、能够实现的目标，最终确定项目目标。

三、选择项目干预的内容

厘清项目面临的问题、确定项目达成的目标之后，下一个挑战就是确定是否有充分的理由实施项目干预（介入）。这时，应该考虑两个关键的战略性问题：首先，目标树中哪些因素将被纳入项目干预（介入）中？其次，哪些因素将不会被纳入项目范围？表 2.7 列出了在决定项目干预（介入）及干预（介入）范围时应该考虑的各种因素。

表 2.7　项目干预的范围分析

类别	引导性问题
确定需求的优先等级	在评估 / 分析过程中，什么需求得到了最高程度的重视？解决哪些需求会可能产生最高潜力的影响？
外部项目集考量	在项目干预所涉及的领域内，还有谁在开展项目？他们所做的项目优势是什么？哪些现有活动可补充完善目标树分析？
适当性	项目方式能否为目标人群及关键利益相关方所接受？
组织能力	公益慈善组织有哪些优势？项目的合作伙伴能力水平如何？
资源的可利用性	是否有资金、是否有增长潜力、有什么利用资源的机会？
成本—效益	投资回报率是否可接受？
技术的可行性	项目工作能够被实现？项目工作能否持续和维持？
内部项目集考量	组织在该地区、国家或其他层面的战略优先考虑什么？组织有哪些项目优势？在地域、受益方或其他方面，组织的优先考量有什么？
项目组合考量	该项目是否符合组织的发展战略？

第五节　制定服务规划

逻辑框架法（Logical Framework Approach）是一种从问题出发，将宏观目标转换为具体目标和措施的有效方法，是概念化论述项目、系统性研究、分析和解决问题的逻辑思维方式（朱江等，2022）。本节将按照逻辑框架法的要求，明确制定服务规划的相关内容。

一、逻辑框架模型的基本概念

逻辑框架矩阵通过分析连接矩阵不同层级的纵向和横向因果关系来确定和呈现项目中各要素的逻辑关系。逻辑框架中每个层级要素之间的纵向逻辑关系说明了项目将如何达成最终目标。本章参考《发展领域项目管理专业指南 PMD Pro—第 2 版》提出的一个四层的逻辑框架模型，包括以下内容：

第一，活动。活动是指具体实施的行动，以获得相关的资源投入（包括人、财、物、技术、时间等），并产生具体的可交付的成果（如培训、修建道路等），完成所有的活动将达成产出层面的成果，是项目团队能够具体负责的内容。

第二，产出。产出是由项目活动产生的有形的、无形的、可交付的成果，包括产品、商品、服务和变化等，如，人员通过参加培训项目增长了知识和技能等。各种产出的实现将促进成果的取得。

第三，成果。成果是项目期望在受益人层面最终取得的成效或变化，并为整个群体层面的改变做出贡献，随着时间的推移，通过项目的积累可以帮助实现目的和影响。如随着时间的推移，受益对象能够在实践中运用培训获得的知识和技能，收入提高等。

第四，目的。目的是项目贡献的最高层面期望的最终成果或影响，通常是许多逻辑框架中的终极目标，如变革、可持续性、生活状况、福祉等。

二、逻辑框架法的分析过程

（一）垂直逻辑关系

项目规划总体目标的实现往往依赖于多个子项目目标的实现，而一个子项目或一个具体项目目标的完成往往需要完成许多具体的投入和产出活动。这样，四个相互关联层次间的要素就自下而上构成了三个相互连接的逻辑关系：

第一，如果保证一定的资源投入并加以很好地管理，并且外部条件能够落实，则预计有怎样的产出；

第二，如果项目的产出活动能够顺利进行，并确保外部条件能够落实，则预计能达到怎样的具体目标；

第三，项目的具体目标对整个地区乃至整个国家更高层次宏观目标的贡献关联性。这种逻辑关系在逻辑框架法中称为“垂直逻辑”（陈玉献、董泽琴，2011），如图 2.5 所示，可用来阐述各层次的目标内容及其上下层次间的因果关系。

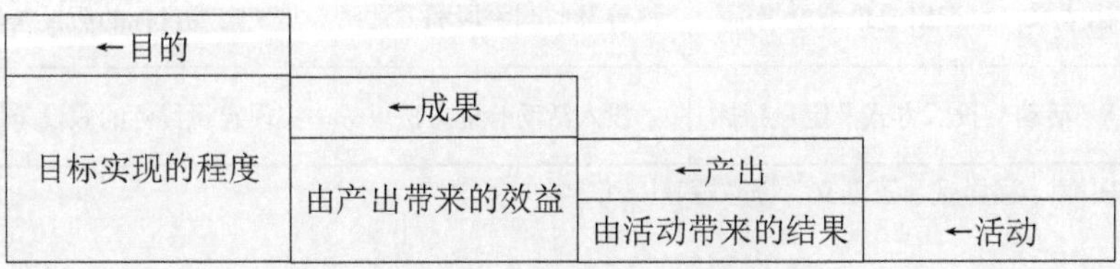

图 2.5　垂直逻辑关系示意图

（二）水平逻辑关系

水平逻辑分析的目的是通过主要验证指标和验证方法来衡量一个项目各层次目标的实现与否。水平逻辑主要包括：

第一，客观验证指标，包括数量、质量、时间及人员等；

第二，验证方法，包括主要资料来源和验证所采用的方法；

第三，重要的假定条件，指可能对项目的进展或成果产生影响，而项目管理者又无法控制的外部条件，即风险。项目假定条件很多，一般应选定其中几个最主要的因素作为假定的前提条件。通常，项目的原始背景和投入产出层次的假定条件较少，而产出 / 目的层次间所提出的不确定因素往往会对目的 / 目标层次产生重要影响。由于宏观目标的成败取决于一个或多个项目的成败，因此最高层次的前提条件非常重要。

（三）逻辑框架表

由垂直逻辑关系和水平逻辑关系形成了 4×4 的逻辑框架表，如表 2.8 所示。

表 2.8　逻辑框架表

目标层次	客观验证指标	客观验证方法	重要假设及外部条件
宏观目标	宏观目标验证指标	评价及监测手段和方法	实现宏观目标的假设条件
具体目标	具体目标验证指标	评价及监测手段和方法	实现宏观目标的假设条件
产出成果	产出成果衡量指标	评价及监测手段和方法	实现宏观目标的假设条件
投入 / 活动	投入方式及定量指标	投入活动验证方法	实现宏观目标的假设条件

图表来源：潘显威、王刘文、杨胜辉等，2024。

以“焕新乐园”项目为例，其服务规划中涉及的逻辑框架分析如表 2.9 所示。

表 2.9　2022 年“焕新乐园”项目的逻辑框架表

目标层次	客观验证指标	客观验证方法	重要假设及外部条件
宏观目标：阻断相对贫困代际传递，推动弱势群体共享社会文明。	助力困境家庭走出困境的恶性循环，缓解低保家庭贫困代际传递，早日实现共同富裕。	项目获得省级以上表彰，项目实施效果分析报告。	项目如期完成并发挥效益，项目服务对象境况改善。

续表

目标层次	客观验证指标	客观验证方法	重要假设及外部条件
具体目标：系统地改善困境家庭现状，有效提升困境家庭的综合发展能力。	为儿童及其家庭赋能，通过整合政府、企业、社会三方力量，介入困境家庭儿童的物理、精神、社会支持三重环境。	项目执行报告，29家基层社会组织作为执行机构的基本信息表和29家执行机构的项目结项报告。	项目方案有效可行，帮扶儿童学习生活空间改造、入户陪伴和集体活动开展、督导监测和实地回访等顺利实施。
产出成果：帮助困境儿童改造生活环境，重塑生活自信，以成长陪伴服务介入困境家庭儿童的物理、精神和社会三重环境，实现三重改变。	29家机构共完成660户服务对象家庭的房屋改造工程，完成5974次服务对象的陪伴服务，平均为9.05次。	服务对象和执行机构的《2021—2022“焕新乐园”项目评估问卷》；服务对象的项目申请书、项目合同、项目执行情况说明书；服务对象基本信息、房屋改造和陪伴服务照片与记录、媒体报道等。	投入资金能及时，项目人员保障到位，项目能顺利完成相应工作。
投入 / 活动：①为受助家庭提供10000元 / 户标准的项目服务及配套；②组织志愿者与焕新儿童结对，提供个性化的陪伴服务；③为项目组和合作伙伴开展12次督导赋能培训。	项目执行资金来自公益宝贝的爱心商家捐赠，共计项目资金495万元，29家执行机构在该项目执行中总计招募的志愿者有1048人。	项目计划文件，项目建议书以及当地政府的相关政策文件。	项目得到立项，资金筹措、人员保障等落实。

第六节 项目可行性分析

公益慈善项目的可行性分析，就是对项目在风险上是否可控、人员上是否有利、项目是否可持续等进行综合分析和全面评价，具体包括项目实施的可能性、有效性、如何实施、相关技术方案、潜在风险、人力和财务支持等。

一、风险分析

风险是不确定性对公益慈善项目目标的潜在影响，在一个项目的实施过程中，由于一些不可控因素和不确定性事件的存在，项目运作存在一定的风险。因此，在项目开发与设计阶段，需要对项目可能出现的风险、可采用的应对策略等内容进行分析，以有效应对、降低风险对项目的不良影响。

（一）风险的类型

第一，宏观层面。主要包括公益慈善项目可能面临的政治风险、社会风险、伦理风险、法律风险等。如法律或政策改变、社会舆情、自然灾害、领导人更替、与政治体系价值不符等。

第二，组织层面。主要包括公益慈善项目可能面临的财务风险、技术风险、组织风险等。如新技术方案无法实现、项目范围失控、预期不明确、项目人员流动性高、领导不力、捐赠资金无法到位、财务能力等。

第三，运行层面。主要包括公益慈善项目可能面临的安全风险、管理风险、运营风险等。如项目文件审批拖延、交通安全风险、人身安全风险、项目进度缓慢等。

（二）风险分析的主要内容

第一，规划风险分析，即规划和设计如何进行、谁来进行项目的风险分析。

第二，识别风险类型，采用头脑风暴等方式，确定风险的类型和来源，考察风险可能会对项目产生的影响。

第三，进行风险评估，对风险发生的可能性、时间等进行综合分析。

第四，制定风险应对策略，应根据风险类型及评估的结果，制定风险应对的策略。

如表 2.10 所示，风险分析的产出是绘制项目的“风险登记表”。

表 2.10　公益慈善项目的风险登记表

风险类型与描述	风险来源	风险可能性与严重性	风险应对策略	应对责任人
××××××	××××××	××××××	××××××	××××××
××××××	××××××	××××××	××××××	××××××
××××××	××××××	××××××	××××××	××××××

在“焕新乐园”案例中，项目团队进行了项目风险分析，并提出应对预案。第一，在宏观层面，申请机构可能会由于运营、管理等问题出现舆情风险，应对策略为立即中止合作，将服务转接给当地政府部门推荐的其他机构。第二，在组织层面，针对申请机构可能发生的组织风险，浙江妇女儿童基金会制订了申请机构公开招募的筛选机制，重点考察申请机构的质量和能力。第三，在运行层面，一方面在房间改造中给改造志愿者统一购买保险，对改造家具进行检测和抽检，避免可能出现的安全风险、环境风险；另一方面在陪伴板块，针对孩子与志愿者可能发生的非正常接触，项目规定由两个志愿者陪伴一户家庭 / 一个孩子、志愿者与孩子性别相同、对志愿者进行培训等。

二、人力资源分析

公益慈善项目的基本驱动力是人。人力资源分析是为确保公益慈善项目有效运作而进行人力资源的组织、管理等过程。对人力资源进行分类分析，可以确保项目有足够的人力资源支持，避免人手不足导致项目延误或质量下降；可以结合团队成员的技能、经验、兴趣等因素，进行合理的人员配置，提高项目工作效率。

（一）全职员工

公益慈善项目的全职员工是指以公益慈善领域的工作为职业，在公益慈善组织全职工作的人员。在项目开发与设计阶段，需要考察项目需要多少全职员工、项目需要哪些专业技术知识、全职员工是否具备项目所需的专业知识和能力等。

（二）兼职员工

公益慈善项目的兼职员工是指利用业余时间参与公益慈善项目的运行、管理等，并取得一定物质报酬的人员。在项目开发与设计阶段，需要明确项目是否需要兼职员工，在哪个阶段参与项目，需要兼职员工提供何种程度、哪些类型的支持，项目出现问题时兼职员工的责任归属如何处理，等等。

（三）志愿者及其他利益相关方

公益慈善项目的志愿者及其他利益相关方包含自愿性、不求物质回报、利他性等要素，项目的志愿者具有时效性、社会性等特点。在项目开发与设计阶段，需要明确项目是否需要志愿者或其他利益相关方参与、需要多少志愿者参与、对志愿者的专业知识和专业能力是否有要求、项目或组织能够为志愿者提供什么支持等。

在进行项目的人力资源分析时，可以通过绘制人力资源分析矩阵，明确人力资源的类型、成员需具备的能力要求和角色与职责等。

在“焕新乐园”项目的29家执行机构中，项目负责人为女性的有20名，男性9名，女性占比达到68.97%。29家机构中超过50%的机构是缴纳社会保险的专职员工数在3—9人的中型机构，执行项目的能力相对强；专职员工数在1—2人的微小型机构有5家；专职员工数在10人及以上的规模型机构也有5家，各占比17.24%；但还有6.9%的机构全部是兼职员工，没有专职工作人员，所有项目的执行流程全部由志愿者来完成，并且还缺乏对各类志愿服务的协调，相对项目执行能力比较弱。

三、可持续性分析

公益慈善项目的可持续性，一方面强调项目有稳定持续的资源（包括资金）投入或带动了后续更多资源的投入，以支持项目长期发展；另一方面强调项目的成果能够对目标群体产生长期的影响力（中国慈善联合会，2020）。为达成以上项目可持续性目标，需要结合不同类型的项目进行分析。

（一）短期项目

这类项目大多数执行一次，如一次媒体宣传活动、一次物资捐赠等。这种短期项目的可持续性意味着“持续维护”。此类项目的可持续性需要考虑以下问题：

1. 活动结束后，项目的维护费用是多少？
2. 上述维护费用，哪些利益相关方有意向支付？
3. 如何肯定上述利益相关方会付款？有哪些具体计划？
4. 如果费用需要由项目支付，预算如何分配？
5. 当地是否有维护项目的技能、设备？如果没有，他们如何得到？

（二）能够实现盈利的项目

这类公益慈善项目大多运作状况良好，具备一定的市场竞争力，有盈利的潜力，或者直接成立一家社会企业，实现混合式运作，用企业收入捐赠给公益项目。此类项目的可持续性需要考虑以下问题：

1. 计划销售的产品 / 服务及其价格是什么？

2. 产品 / 服务的价值是什么？

3. 市场为什么会接受此项产品 / 服务？如何进行市场分析？

4. 如何设计产品 / 服务的市场营销计划？

5. 产品 / 服务多长时间可以收支平衡？多长时间可以实现盈利？

6. 项目的后期运营成本中预计有多少将由自己的收入来支付？

（三）长期项目

助老、扶弱、济困、助残、教育、儿童保护等领域的项目，大多数是需要长期资助的。此类项目的可持续性问题，需要重点考虑是否会将项目最终移交给当地政府，或者其他有稳定资金的当地组织。那么在可持续发展这个问题上，需要考虑以下问题：

1. 如果项目未来会被移交，具体将如何进行？

2. 如何挖掘潜在的合作组织？选择合作组织的标准是什么？他们的资金如何确保项目的延续？

3. 合作组织是否具备继续在当地运行该项目的技术和设备？如果没有，他们将如何得到相应的技术和设备？

4. 如何与合作组织沟通移交项目的相关事宜？

以上是不同类型的项目在进行可持续性分析时，需要回应的重点问题。值得注意的是，除以上问题外，任何项目的可持续性应考虑项目设计的科学性、服务对象的可持续性、项目团队的可持续性、利益相关方的通力合作等（李松，2015）。

“万名农民工绿色网上行”项目是由汇丰银行慈善基金资助、上海市慈善教育培训中心和东方社区信息苑联合举办的，旨在满足农民工学电脑、上网的需求，提高他们的素质，促进社会和谐的项目，该项目的可持续性分析包括：第一，上海市有400万—500万名农民工，有很大的培训需求；第二，项目组已经积累了一定的经验，具备较成熟的管理模式和完善的实施条件；第三，从项目资金角度，可以积极争取包括汇丰银行在内的资助方的支持；第四，运用项目的成功模式，策划和设计了“新生代农民工绿色网上行”“万名进城务工者金融教育”等新项目。

第七节　撰写项目建议书

一、项目建议书的作用

项目建议书就是项目构想的书面表达，公益慈善项目要启动，项目发起组织必须以书面文件的形式说明问题及需求、项目目标、项目的必要性、项目可产生的效益、需要投入资源的数量估算等，才有可能让政府、资助方、公众等正式承认和资助项目。一般而言，项目建议书要有清晰明确的需求、明确具体的项目目标、严谨的项目逻辑、科学的评估方法和工具，严谨合理的项目预算以及规范的管理团队。

项目建议书是指导整个项目的纲领性文件，是对公益慈善项目框架性的总体构想。对外而言，一份全面可行的项目建议书可以争取资助方的资金等支持，促进合作伙伴的参与，提升公益慈善项目的公众知晓度与公信力。对内而言，项目建议书是项目团队达成共识、构建实施和监测评估计划的基础，促进机构管理者对项目进行自检和完善，有利于机构治理层进行项目方向把控、资源分配与监督。

二、项目建议书的主要内容

项目建议书的主要内容包括：

第一，概述或摘要（Summary），介绍项目名称，实施机构的组织概况、组织愿景等情况，简述公益慈善组织对项目的有关需求，阐述公益慈善项目开展的重要意义，概括公益慈善项目的主要内容及其必要性。

第二，问题和需求（Why），阐明项目的缘起或背景，即为何要做这个项目，分析项目要解决的主要问题，阐述项目要满足的需求。一般包括项目涉及的问题与事件、受益群体，项目产生的原因，开发项目的理由，项目能在多大程度上解决问题、满足需求以及其他长远战略意义。

第三，受益对象（Who），包括公益慈善项目的直接受益对象与间接受益对象，直接受益对象是指项目的直接服务对象，间接受益对象是指由于项目的实施，可能受到影响的人群（不一定直接接受过服务），如直接受益对象的亲属及相关人群。

第四，项目目的和目标（What），即项目结束后给服务对象带来的正向的成长、改变及影响，包括项目要达成的宏观目标，以及项目的产出和成果。

第五，实施方案和计划－项目逻辑（How,When & Why），即项目实施前制定的详细计划，明确每个活动的时间排序、投入和产出，据此管理项目执行并测量和控制项目绩效。计划应包含每项活动的投入及产出、结果预估，完成每项活动的时间预估、每项活动的负责人、相关的资源投入等。

第六，项目评估与监测（M&E），项目评估根据项目生命周期可分为年度评估、中期评估和终期评估，项目监测内容通常包含进度监测、成本监测、人力资源监测、技术应用监测、质量监测等。

第七，机构和人员资质（Qualification），明确公益慈善项目的实施机构、人员配置、培训计划和人力资源管理等。

第八，项目预算（Budget），包括收入预算与支出预算，其中收入预算应该明确项目的收入来源、收入规模、已筹资金、待筹资金等，支出预算应该明确人员、设备等成本。

第九，其他考虑因素：项目风险、可持续性、创新性、可复制性、影响力。

本章案例

“焕新乐园”项目建议书

一、项目名称

焕新乐园

二、组织名称

浙江省妇女儿童基金会

三、项目情况摘要

（一）项目背景

2016 年 12 月 26 日，在浙江省妇联、省民政厅的共同指导下，省妇女儿童基金会联合阿里巴巴公益发起“低保家庭儿童关爱”公益项目——“焕新乐园”。项目以“改善低保家庭儿童居住环境”为切入点，以“提升儿童及家庭综合发展能力”为宗旨，按“改善焕新环境、陪伴焕心成长、合作唤醒发展”的思路，带动全省优秀社会组织为有 6 至 16 周岁儿童的低保家庭实施从环境到心灵的关爱帮扶，不仅改变贫困现状，而且阻断贫困代际传递。经过一年期的实践，项目取得了良好的效果，全省 11 个地市 110 家社会组织共为 1000 户家庭提供项目服务，经第三方评估，儿童居住环境显著改善，志愿者陪伴后生活满意度大幅提高，参与项目的社会组织协调运作能力均有所提升。

习近平同志在党的十九大报告中指出，要动员全党全国全社会力量，坚持精准扶贫、精准脱贫。2018 年，“焕新乐园”踏浪而来，“焕新起航”，项目围绕“焕新、焕心、唤醒”的思路，通过物质与精神的双向平行介入，在给予家庭脱贫希望和力量的同时，重点培育在地社会组织，动员社会力量，营造地区公益氛围，让家和城市更温暖。

（二）项目内容

通过大量走访调研发现，大部分低保家庭存在着双重贫困：一方面是物质方面的贫困，主要表现在起居环境简陋、缺乏基本的卫生生活习惯等；另一方面是精神方面的贫困，主要表现在家庭教育缺失、儿童自我效能感偏低等。因此，项目从“改善焕新环境，陪伴焕心成长”两个层面进行双向平行介入，首先以改造物理环境为切入点，增强服务对象的自我效能感，再通过多元化的陪伴，关注服务对象的精神成长，最终协助服务对象及其家庭重建稳固有效的社会支持网络，全面提升家庭综合发展能力。

（三）项目目标

1. 总目标

通过项目的系统介入，阻断贫困代际传递，并发展和培育社会力量，营造公益氛围，为 2020 年全面建成小康社会贡献一份力量。

2. 分目标

（1）改善焕新环境

以不超过 5000 元 / 户的标准，为全国 4200 户家庭进行儿童房间的改善，改善重点与 2017 年保持一致，根据执行经验，改善后进行标准验收。

（2）陪伴焕心成长

由两名志愿者结对低保家庭的儿童，在项目周期内提供 12 次陪伴关爱，其中包括 3 次集体活动。在 4200 户的项目执行中产生 10% 的故事案例。

（3）合作唤醒发展

以项目为核心，搭建全省优秀社会组织交流与学习的平台，省内每个地市不少于 2 家、省外不少于 4 家密切合作的社会组织，开展一系列线上线下培训交流活动，促进社会组织能力建设与发展，广泛提升项目影响力。

（四）预期效果

开展 1 场项目发布会，全国范围内传播推广，筹集不少于 2800 万元资金，撬动地方为项目配套提供资金，为全国 4200 户家庭提供项目服务。同时开展线上线下系列培训及公益夏令营，搭建线上项目交流平台。项目结束后出具第三方评估报告。

（五）项目预算表

单户标准		
类别	费用（元）	说明
房间环境改善	5000	用于儿童生活环境改善，包括儿童家具采购和住房基础环境改善
陪伴跟进服务	2500	用于为儿童开展 12 次陪伴服务，包括 9 次入户陪伴和 3 次集体活动

续表

单户标准		
类别	费用（元）	说明
标配物资及配套服务	1500	包括护眼灯、抱枕、学习用品、儿童保险、队旗和志愿者马甲、服务手册等，项目组提供培训、督导等服务支持项目运营
管理费	1000	根据《慈善法》要求收取不高于 10% 的管理费，主要用于机构的基础办公支出
总计	10000	

▲案例分析题

请根据以上材料，结合所学知识，谈谈可以从哪些方面完善“焕新乐园”项目建议书。

▲本章思考题

1. 什么是公益慈善项目设计与开发？基本环节有哪些？
2. 公益慈善项目需求分析的方法和内容有哪些？
3. 如何使用逻辑框架法进行公益慈善项目的服务规划？
4. 举例说明公益慈善项目可行性分析的主要内容。
5. 公益慈善项目建议书包括哪些内容？

第三章

项目启动

本章要点

1. 全面风险评估与管理策略
2. 利益相关方参与策略
3. 项目治理结构的内容
4. 制定 MEAL 框架的程序和方法
5. 项目章程的要点

项目启动可以理解为项目的准备，它是一个非常简短但很重要的阶段。首先，在这个阶段要做风险分析，明确项目可能存在哪些风险，并准备相应的风险管理策略；其次，通过这个阶段要让各个利益相关方对项目有清晰的认识，明确这个项目要达成什么结果，以及明确如何推动利益相关方参与进来；再次，项目要有明确的治理结构，当遇到问题时知道找谁处理；最后，这个阶段的最主要产出是项目章程。因此项目的启动主要涉及项目治理结构、利益相关方、全面风险评估与管理策略以及项目章程等关键内容。在这个阶段，项目团队需要确保项目的目标明确、治理结构完善、风险可控、相关方满意，以为后续阶段奠定坚实基础。

第一节　全面风险评估与管理策略

风险在公益慈善项目运行过程中无处不在，可能涉及财务、项目实施、合作伙伴、社区参与等各个方面。项目开发与设计阶段通常已经确定了初步的项目风险，并对风险进行了分类。在本阶段，风险将得到详细描述和分析，并据此制定一个风险管理计划。

一、评估风险影响及概率

风险评估是对风险识别阶段记录的风险进行量化分析的过程。管理项目风险时，风险评估要解决两个问题。

（一）确定风险优先等级

采用项目团队和关键利益相关方商定的标准，根据风险的概率和影响对风险进行排序。

（二）确定风险容许度

项目团队需要与关键的利益相关方合作，共同确定他们的风险容许度水平，确定哪些风险是可以接受的，哪些风险超出了可接受的水平。

风险评估矩阵是一个有用的评估风险工具。表 3.1 是一个运用风险评估矩阵评估项目风险的例子。

表 3.1　风险评估矩阵

风险的发生概率	高			风险 B
	中	风险 C		
	低			风险 A
		低	中	高
		对项目的潜在影响		

表格来源：《发展领域项目管理专业指南 PMD Pro—第 2 版》。

根据表 3.1，制定风险评估矩阵的流程遵循以下两个步骤：

第一，对风险优先级进行排序：项目团队和利益相关方按照低、中、高三个等级，根据风险的概率及其潜在影响对三个风险 A、B、C

进行优先排序。

第二，确定风险容许度：风险用颜色分类表示。在本例中，风险B位于颜色最深的格子中，是一个明显需要关注的风险，要给予积极管理。风险A位于颜色较深的灰色格子中，表明它的发生概率较低，属于只需要较低水平关注的风险。风险C并不在深色格子中，因此并没有超出项目风险容许度范围。

在某种程度上，风险评估矩阵只是一个简单工具。尽管这个矩阵可能相对简单，但要想高效率地运用它，项目团队和关键利益相关方需要就用于确定风险优先等级和风险容许度水平的标准达成共识。为了达成这一共识，项目经理必须与关键的项目利益相关方一起合作，回答以下与风险评估有关的问题：采用什么标准来确定风险优先等级？风险的时间、范围和成本是什么？对项目受益人的价值及其他影响是什么？捐赠人有哪些规范要求？员工安全如何保障？采用什么流程来识别风险容许度？

时间、范围和成本是项目经理应该熟悉的三个主要约束因素，这些因素构成“三重约束三角形”。为了能够制定一个应对风险的策略，我们需要理解风险到底会有多严重，风险陈述要具体，并明确说明它对项目的时间、预算、范围和质量有何影响。这样就可以制定一个合适的风险应对策略，如果风险真的发生了，就能够减少它对项目的影响。

二、制定风险应对策略

风险识别与评估构成了合理的风险应对策略的基础。一旦某项风险被确定超出了项目风险容许度水平，项目团队必须确定一个策略，以便以最恰当的方式应对这个风险。

需要明确的是，风险管理的目的不是消除所有的项目风险，这是不可能的。管理的目的是，如果风险超出了项目的容许度水平，我们知道该如何做出响应。例如，风险承受能力低的项目会积极管理应对所有风险，不论风险出现在风险矩阵表上的任何位置。相反，风险承受能力高的项目可能会愿意接受大量的风险，并不需要对风险进行积极的管理和干预。随着时间的推移，风险也会变化，因此，必须根据风险的概率和潜在影响，积极地对它们进行评审和评估。同时，要对风险管理策略定期进行评估，确保它们与实际情况和风险相符合。

如果项目决定积极地管理某项风险，通常采取的风险应对策略包括以下几种选择（或选项组合）：

规避风险——不执行（或者换一种不同的方式执行）具有重大风险影响和 / 或高风险概率的那部分工作。

转移风险——将项目某些方面的风险转移给另外一方（或者与其分担）。最常见的风险转移例子是保险。

降低风险——降低某一项潜在风险的概率和 / 或影响的行为。例如，考虑到一个项目会有物品失窃的风险，可以为大楼增加安全系统（保安、新门或者防盗窗）以降低潜在失窃的概率；或者制定政策规定除非在未来七天内需要使用的物品，否则都应储存在仓库中，从而减少潜在失窃的影响。

接受风险——如果经过评估觉得风险的概率和影响都在合理范围内，一个组织可能选择不采取行动。例如，认识到一个项目可能面临雨季推迟的情况，会对农业周期产生影响，但项目团队选择与风险共处，不采取具体规避、转移或降低风险的行动。

忽视某项风险并不是一种可以接受的风险应对策略。不能对风险听之任之。即使在风险被接受的情况下，也不是对风险视而不见，而是要持续监测。接受风险的决定要基于一个风险识别、评估和处置的合理流程，根据这个流程决定是否接受这个风险。

当项目团队应对风险时，项目团队需要针对他们选择的风险应对活动制定一个行动计划。风险管理文件要完成以下工作：

1. 制定一个有组织的全面风险管理计划；

2. 确定用来执行风险应对的方法；

3. 制定计划，为风险应对提供充足的资源。

每一个风险管理计划都应该采用书面文件的形式，计划的详细程度因项目而异。针对大型项目或者不确定性很高的项目，可制定详细且正式的风险管理计划，记录风险识别、风险评估和风险应对等内容。

对于比较复杂的项目或者不确定性比较高的项目，风险登记表可提供一个更加正式和详细的风险识别以及风险应对计划。风险登记表包含了与风险概率和影响有关的信息，还可以包含提议的风险应对策略和风险应对责任人。如果这个风险变成问题，风险应对责任人是协调和采取行动的负责人。风险登记表还可以包含这些风险可能对成本和时间表造成影响的有关信息。

尽管风险登记表的格式随组织和项目的不同而不同，但一个典型的格式应该包含以下信息：风险描述、概率、影响、风险评分、应对策略和应对责任人。很重要的一点是，在项目组建阶段就应该建立风险登记表，详细记录上述内容，以便将风险管理计划纳入项目计划中。

表 3.2 是“焕新乐园”项目的风险登记表，其中恶劣天气导致房屋装修时间延迟的风险发生的概率值是 4，这个风险对整个项目的影响值是 8，所以整体风险评分为 32，风险应对策略为规避，即根据天气状况选定活动日期，避免雨雪等极端天气。

表 3.2 “焕新乐园”风险登记表

风险描述	概率	影响	风险评分	应对策略	责任人
恶劣天气导致房屋装修时间延迟。	4/10	8/10	32	规避——根据天气状况选定活动日期，避免雨雪等极端天气。	项目经理
房屋改造过程中的噪声、垃圾影响周边居民。	4/10	5/10	20	降低——设计房屋改造方案时，充分考虑周边环境和居民的需求，加强施工监督。	项目经理
当地政府主要领导的变换更替，可能会影响项目的对接。	2/10	8/10	16	接受——评估风险并持续监测。	政府联络员
所在区域要求从当地采购家具，但可能交货时间和质量难以保障。	4/10	6/10	24	转移——与供应商签订合同，确保按时按标准交付家具，并明确违约责任。	物流主管

三、监测和控制风险

随着项目的推进，有些风险得到化解或者消失，而另外一些新的风险可能浮出水面，加入风险的队列。但是，从项目的早期开始，直到整个项目执行阶段，都要持续地审视风险问题。因此，在这个阶段就应明确需要对风险进行重新审视和分析的特殊节点。我们将在项目执行阶段讨论风险监测与控制，但是，要确保风险监测与控制是一个“活的”过程，项目经理在这个阶段就应该明确，在整个项目期间应该何时、如何以及由谁来更新风险相关信息。

第二节 利益相关方参与

利益相关方对任何项目的成功都至关重要，不管是人道主义食品发放项目还是发展项目、民生项目。在合适的时间让合适的利益相关方参与项目，是项目经理的职责。但是，这不是一项能临时解决的事，项目经理应该了解并积极采取行动，确保利益相关方有效参与项目活动。在项目组建阶段制定一个利益相关方参与策略，这样项目经理就可以清楚地知道如何让利益相关方参与各种项目活动，以及他们参与什么。在项目组建阶段制定好策略，有助于确保利益相关方能够有效参与后续的项目活动。

表 3.3 列举了“焕新乐园”项目中受益儿童及其家庭和在地合作社会组织的参与策略，在地合作的社会组织在活动中实施房屋改造、安排志愿者对受益儿童进行陪护，它们对活动的兴趣在于实现组织社会责任、提升组织形象、发展合作伙伴，这些很可能是它们未来发展的重要方向。如何促进参与，即通过什么方式调动利益相关方的参与积极性。对在地社会组织而言，主要包括展示项目成果、影响和激发它们的成就感、共享资源以为它们赋能。在跟进方面，要对项目进展与成果、资金使用情况与效果等方面保持跟进。

表 3.3　“焕新乐园”利益相关方参与策略

利益相关方	在活动中的角色	对活动的兴趣	如何促进参与	跟进
受益儿童及其家庭	接受改造，直接受益者；获得物质、精神帮助，家庭氛围被改善。	改善生活和学习环境；心理关怀和陪伴；提升家庭功能。	建立信任关系；展示发起者成就；提供成功案例。	生活和学习环境改善反馈；心理和社会融入反馈；家庭教育和陪伴服务反馈。
在地合作社会组织	组织实施房屋改造、安排志愿者陪伴。	实现社会责任；提升组织形象；发展合作伙伴。	展示项目成果与影响和激发成就感；共享资源以为社会组织赋能。	项目进展与成果反馈；资金使用情况与效果反馈。

邀请利益相关方参与项目活动不是一门精密的科学，而是需要根据情况进行改变和调整，及时与利益相关方沟通和跟进，这对确保他们参与极为重要。

第三节　项目治理结构

公益慈善项目的治理结构是项目成功的关键因素之一。治理结构决定了项目的决策流程、任务分配和问责制度，体现了项目的权威性和透明度。项目治理结构的设计和实施需要考虑项目的目标、规模、参与者和环境等多个因素。

一、项目治理结构的职能

在项目管理的背景下，治理指的是进行项目决策的管理框架。一个强有力的治理结构会明确以下几点。

（一）权限

权限指行使权力的界限和范围，项目治理团队中的每一个管理者都有对应的权限，管理层级越高的管理者对应的管理权限越大，在一个具体项目的管理过程中，项目经理的权限要比财务秘书大。例如，在一个项目中，可能会设定只要某项业务实际支出不超过预算支出的 3%，财务秘书可以做出决定，而超过 3% 可能需要上报项目经理决定。

（二）问责

完整的项目治理结构会有清晰的问责制度，小到每一个工作环节，大到整个项目的运转，都会有明确的责任人。如果项目推进过程中没有清晰的问责制度，则没有人会推动项目进度、解决项目问题。

问责制度的目的是保证项目成员对他们的任务和结果负责，提高项目的执行效率和质量。因此，首先需要明确每个项目成员的任务和期望结果，这些信息应在项目开始时明确，并记录在项目计划中。在项目执行过程中，需要定期检查每个成员的工作进度和结果，对比项目计划，查看是否按时完成任务，是否满足期望的结果。

如果出现未完成任务或不满足要求的情况，首先需要查明原因。可能的原因包括任务难度过大、资源不足，或者项目成员的工作态度和能力问题。确定原因后，需要根据情况采取相应的处理措施。如果是任务难度过大或资源不足的问题，可能需要调整项目计划、减少任务难度，或者增加资源。如果是项目成员的工作态度和能力问题，可能需要对项目成员进行问责，包括提醒、警告或者更换项目成员。

（三）项目变更

项目变更，是指就超出项目经理容许度范围的变更做出的决定。超出项目经理容许度范围的变更需要提交项目捐赠人、理事会或者指导委员会做出决定变更。

项目变更是在项目实施过程中对预定的计划进行的修改，可能涉及项目的目标、进度、预算、人员等各个方面。例如，由于策略调整，我们可能需要对项目的目标进行重新设定；由于资源分配的变化，我们可能需要对项目的预算和人员分工进行调整。

（四）监督

项目治理结构具有监督职能，其中项目治理团队都具有履行监督的权力和责任。监督主要指监督项目的方向，提供指导意见；监督项目的可行性与有效性，必要时做出决定中止项目。另外还要确保不同利益相关方的观点都得到倾听。

项目监督的主要内容包括对项目进度的监控、对项目质量的控制、对项目成本的管理以及对项目满意度的评估。具体来说，项目进度的监控主要是检查项目是否按照预定的时间表进行，如果出现延误，需要及时找出原因并采取措施；项目质量的控制则是确保项目的输出符合预定的质量标准；项目成本的管理是确保项目在预定的预算内完成；项目满意度的评估则是通过收集和分析参与者、受益者和其他相关方的反馈，评估项目的满意度。

（五）支持与倡导

项目管理团队在项目执行中具有重要的支持与倡导作用，项目的支持与倡导是指给项目提供支持与资源，并就项目的管理方面（尤其是那些项目经理不能控制的方面）给项目经理提供建议。

项目治理框架由有权对项目治理做出最终决策的机构或个人构成，它的形式多种多样，比较普遍的是项目理事会或者指导委员会。项目治理中最简单和最常见的框架是只由一个人——项目捐赠人或发起方构成。

二、项目理事会/指导委员会

众所周知，慈善项目很少是简单的。项目团队往往必须与多个利益相关方协调管理项目进度，这些相关方包括但不限于项目捐赠人、执行机构、受益社区、项目供应商等。在复杂的背景下，一个单一的项目捐赠人不能给项目团队提供成功所需要的所有支持。相比之下，一个更加有效的治理结构应该包括由各利益相关方代表组成的项目理事会或者指导委员会。目前，对于建立项目理事会或者指导委员会并没有一个统一明确的标准，这取决于涉及的组织、项目规模和利益相关方。但是，以下指引为如何组织和管理项目理事会或者指导委员会提供了建议。

（一）规模

项目理事会并没有统一的人数标准，但最少要由 2 人组成，而由 3 到 5 人组成的理事会比较常见。较小的团队规模能够促进有效的合作和决策。但是，当利益相关方的管理变得复杂时，扩大理事会的规模通常非常有用。在多个捐赠人、多个受益群体或多个组织共同开展一个项目的情况下，必须扩大理事会规模。

（二）组成

理事会成员应该能够代表各种利益相关方的视角，关键是召集一组能够为决策提供一个更全面视角的利益相关方代表。一个项目的理事会可能由组织、捐赠人和社区组成，也可能由组织、合作伙伴和政府组成（见图 3.1）。理事会组成并没有一个规范的标准。

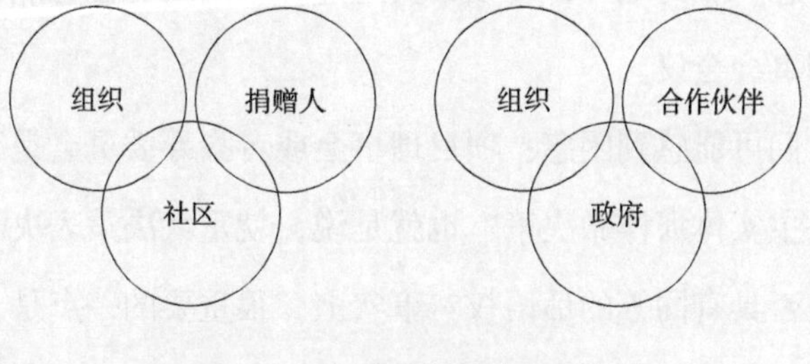

图 3.1　项目理事会组成的例子

每个理事会 / 指导委员会成员的视角都反映了项目的不同维度，包括为项目提供资源，了解组织、用户和项目发展机构的需求以及衡量项目成果。每个维度都对“成功”的意义有不同的理解，所有的视角综合在一起才能定义项目的成功。

（三）职责

项目理事会 / 指导委员会“拥有”项目，并对其负责，它的职责包括：

（1）就超出项目经理容许度范围的项目变更申请（范围、预算、进程或其他）做出决策；

（2）对项目进行监督，必要时提供资源、指导及建议；

（3）监测项目的持续可行性，必要时做出中止项目的决策；

（4）维护他们所代表方的利益；

（5）在项目管理方面支持项目经理并提供建议，尤其是针对那些超越了项目经理控制范围的问题；

（6）为项目获取必要的支持和资源进行倡导。

（四）会议

建议项目理事会定期召开会议，由项目经理与理事会的执行代表协商确定会议议程。会议议程上重要的议题包括评审后面要讨论的风险日志与问题日志。除此之外，在项目实施过程中的所有检查点，也有必要召开项目理事会会议。

有时人们可能感到困惑：项目理事会或者指导委员会是否应该像一个简单的民主实体那样做决策？也就是说，就重大决策表决时，每个理事会成员是否具有同等的话语权？事实上，很重要的一点是，并不是所有理事会成员在所有的决策中都享有平等的话语权。例如，如果要申请增加项目的预算或延长项目的工期，可以征询理事会所有成员的意见，但最终决定可能仅仅取决于某一个理事会成员（可能是项目捐赠方代表）或一小部分的理事会成员。因为，他们可能是项目最重要的资助方或项目的发起方。团队的决策效率可以看作与团队规模成反比，一个大的团体不仅难以做出具有时效性的决策，决策的质量也有可能因为团体管理方面的挑战而受到影响。

三、项目经理

建立项目治理结构还有一个要求，那就是确保项目经理的容许度水平在项目章程中得到明确和清晰的界定。这些容许度给项目经理提供了一个决策框架：她 / 他在哪种范围内可以做出与项目有关的决策，在哪些情况下决策需要向上一级治理结构报告。本阶段应该设定的一些容许度的例子包括：

时间容许度——项目完成时间可以比计划的日期提前或者延迟；

成本容许度——项目成本可以超过或少于既定预算的比例或者金额；

范围容许度——商定的产品 / 服务范围允许差异的程度，任何超出范围的变更都应该以书面形式记录在产品 / 服务描述中；

风险容许度——提供一个应该将风险上报给项目理事会的基准线；

质量容许度——界定产品可接受性能的范围，记录在产品描述中；

效果容许度——在成果层面项目可接受性能的范围。

在执行过程中，当项目可能发生问题与变更时，这些容许度水平就显得很重要了。你并不希望面临这样的处境：你不知道你是否被允许做出某个决定，或者需要向谁上报该决定。在项目规划和执行开始之前就确定治理结构，可以使项目经理清楚决策权限，在整个项目期间促进和加快决策过程。

第四节　制定 MEAL 框架

MEAL 框架是一种被广泛应用的项目管理与评估工具。它提供了一个全面而系统的模式，可以帮助我们更好地理解项目的进展，评价项目的效果，提升项目的公信力，总结经验教训，并管理和使用相关信息和知识。接下来，我们将详细解析和讨论如何在公益慈善项目启动中制定和应用 MEAL 框架。

一、监测框架

在项目的整个生命周期中，项目经理和团队要得到项目是否按时、按范围和质量要求实施的信息反馈，需要有监测活动。监测框架是一个持续的过程，它可以帮助我们实时跟踪项目的进展，识别可能的问题，并及时调整项目的实施策略。监测框架需要项目经理和利益相关方提前制定，监测框架的内容包括：何时进行监测，进行监测的频率，团队进行监测的能力，监测的指标以及用来收集数据的工具（调查、焦点小组讨论等）。

例如，中国扶贫基金会在设置监测框架时，内设监测研究部为监管部门，通过制定监测计划，使用相应的指标衡量项目的实施，从而判断是否符合项目设计的初衷。外部监管则由上级审计部门实施，每年开展外部的调查和审计工作。

二、评估框架

项目评估往往用来衡量项目成果的进展或达成情况。不同于监测框架的持续性，评估通常在项目的关键阶段进行，比如项目的中期和结束阶段，用来确定项目的效果和影响。制定评估框架前要向利益相关方了解他们对项目评估有什么期望，要确定选择内部评估还是外部评估。在这个阶段最重要的是概括描述要为项目开展哪些评估，一般包括：

1. 评估项目的效果，包括项目的直接效果和间接效果；

2. 评估项目的影响，包括项目的短期影响和长期影响；

3. 评估项目的可持续性，包括项目的财务可持续性和社会可持续性；

4. 评估项目的效益，包括项目的经济效益和社会效益。

三、公信力与经验总结框架

制定公信力与经验总结框架中最重要的是要考虑采用哪种问责机制，问责的反馈如何融入项目的持续学习（经验总结）过程。在这个阶段需要项目经理和利益相关方思考以下问题：

1. 要采用哪些问责机制？用在谁身上？

2. 问责的反馈如何转换为经验教训？

3. 经验教训如何被纳入项目的迭代性规划过程？

4. 谁负责监督这一过程？

5. 总结得来的经验教训如何经筛选后再上报给组织层面？

如 2018 年“焕新乐园”项目向全国范围扩展的时候，就充分总结了 2017 年在浙江试点的经验。其中，组织筛选与管理几乎是复制了在浙江试点的经验，在服务板块与反馈上，则体现了迭代升级的特征。服务板块由 2017 年的家庭改造、跟进陪伴和执行组织能力建设三大板块，升级为居住环境改造、陪伴关爱服务和集体性主题活动三大板块，在此过程中注重组织能力的培养。在反馈方面，2018 年在线下反馈的基础上新增了线上反馈的内容，一定程度上便利了陪伴志愿者的记录，也有利于项目组和督导专家实时跟踪服务情况。

四、信息与知识管理

知识管理是开发、分享和利用项目中获得的知识的能力。信息管理保管数据并落实流程，确保项目的所有信息都得到妥当标识和储存，以便丰富组织的知识库，供将来参考利用。有效的信息与知识管理能够帮助组织更好地理解和应对各种挑战、提高决策的质量和速度，以及提升学习能力和创新能力。在具体的实践中，项目团队可以借助各种工具和技术来实现信息与知识管理，如数据库、知识库、云存储、大数据分析、人工智能等。同时，项目团队还需要建立一套完整的信息与知识管理流程，以确保信息与知识的有效管理。此外，项目团队还需要培养并提升信息与知识管理能力，以应对日益复杂和变化的项目环境。

制定信息管理计划时要考虑以下问题：如何储存信息与数据，储存在哪里？采用哪种文件命名规则，包括版本控制？需要什么安全装置确保安全地保管信息（特别是保密信息）？谁来监督信息管理？

制定知识管理计划时要考虑以下问题：如何将这些知识融于项目与项目集的设计、规划和执行中？项目期间获得的经验教训如何用于为项目变更和调整提供参考依据？这些知识如何被用于组织的其他项目？

第五节　制定项目章程

一、项目章程的作用

每一个公益慈善项目都需要一个明确、全面的项目章程。项目章程可以被当作项目经理的助手，它不仅是项目的指南针，也是项目团队、利益相关方以及捐赠者的信任基础。它定义了项目的目标、内容、风险、容许度和变更控制，通过这个章程，能够更好地理解和控制项目，也能够规范项目团队的行为模式。

在项目启动阶段确定项目章程是非常关键的，项目章程正式授权启动项目任务和授权使用项目实施所需要的资源，同时确保关键的项目利益相关方及捐赠人（包括内部及外部的）在项目参数等方面达成共识，而且用文件形式记录对项目目标的共同承诺，以及成功获得项目所必需的资源和需要完成的活动。项目章程应被当作一份活的文件，如果项目治理机构批准了项目的重大变更（范围、预算、进度或其他），项目章程应予以更新并签署，以反映新的项目要求。

二、项目章程的基本结构

（一）项目目的

项目目的主要是关于项目要满足的需求的陈述，在陈述过程中要做到清晰、准确、主次分明，要陈述已经达成的共识。

（二）项目交付物

项目交付物要陈述项目的范围，包括项目的目标、主要产出和成果。公益慈善项目的目标通常与其使命和愿景相关，项目目标需要清晰、具体，并可度量，以便项目团队能够有效地实施项目并评估项目成果。同时，在陈述项目交付物时，要合理区别项目的活动、产出和成果。

（三）项目风险

公益慈善项目会面临各种风险，在这个阶段需要提前识别。这些风险可能来自项目的内部（如资源分配和团队协作问题），也可能来自项目的外部（如法规变化和社区需求变化）。项目团队需要综合考虑各种可能的风险来源，包括资金、人力、时间、技术、法规、社区等。风险识别可以通过对项目环境的分析、对项目活动的审查，以及与项目利益相关方的交流等方式来完成。

（四）项目容许度

通过有效的项目容许度管理，项目团队可以在满足项目目标和受益者需求的同时，有效地使用和控制项目的资源和成本。在这个阶段要分别陈述项目在交付物、进度、成本及风险方面的容许度。

（五）项目变更控制

要建立特殊情况应对机制和应对项目超出容许度时的变更机制。项目变更控制包括识别、评估、决定、实施和跟踪变更的过程。一方面，项目团队需要识别可能的变更，并评估这些变更对项目目标、时间、成本和质量的影响。另一方面，项目团队需要决定是否接受这些变更，这可能需要与捐赠方和其他利益相关方进行协商。一旦变更被接受，项目团队就需要实施变更，并跟踪变更的影响。

本章案例

“玩耍泵”项目[①]

来自南非的特雷弗·菲尔德（Trevor Field）在一次农业博览会上看到一个展品：一个新型水泵。不同于传统的手动水泵，新水泵可以通过水平旋转获得动力、抽取地下水。菲尔德灵光一现：为什么不用这种水泵做一款公益产品呢？菲尔德知道，由于基础设施不完善，缺水是非洲国家的严重问题。在许多村庄，家庭用水的需求往往意味着妇女们顶着水壶、徒步一个多小时去最近的水泵取水，而不少水泵因为依赖风力，出水量往往很不稳定。如果把水泵设计成一个旋转木马的形态，让孩子

① 资料来源：《一次聚光灯下的公益失败》，https://www.sohu.com/a/459512881_120052205。

们可以在转盘上玩耍，同时转盘旋转产生的动力用来抽取地下水，那么不是既能给孩子们带来欢乐，又能解决用水问题吗？很多非洲孩子别说娱乐，连教育甚至饱腹都难以保证。旋转水泵肯定能为孩子们带来很大的乐趣，而孩子们在玩乐中提供全村的用水，也可以省去妇女们的大麻烦。

水泵设计师告诉菲尔德说，他也想过这个做法，但是这样可以玩的新型水泵造价高昂，很难大规模推广。可作为一个拥有丰富市场营销经验的经理，菲尔德很激动，他觉得这是一个可行的主意，当场买下了这个新型水泵的专利。他把这个项目叫作“玩耍泵”（Play Pumps）。他打算在水箱的四周贴上广告，用广告收入来支持项目的各种费用。

五年后的 1995 年，菲尔德终于找到第一位投资者，并在南非一个农村建造了第一个“玩耍泵”。2000 年，这个项目突然火了。它先是获得了世界银行发展市场奖，接着又得到了美国在线（AOL）创始人史蒂夫·凯斯（Steve Case）和他妻子的帮助。凯斯夫妇自己成立了凯斯基金会，有从事公益事业的经验，在他们的帮助下，“玩耍泵”推出了线上募捐，面向全球进行公众筹款。要知道那时候互联网也刚普及不久，这种网上募捐的方式在当时还很前卫，应当算是公益的一次大胆尝试。

随着媒体曝光度持续增加，“玩耍泵”得到了更多的支持。一家名为 One Foundation 的基金会与“玩耍泵”合作，推出了一款名为“One Water”的瓶装水公开销售，每销售一瓶水，就有一定比重的利润进入“玩耍泵”的资金池。美国国际开发署（USAID）联合凯斯基金会（The Case Foundation）也投入超过 1600 万美元来支持这个项目。一时间，“玩耍泵”成了公益界的宠儿。它从林林总总的公益组织中脱颖而出，规模很快扩大。2009 年，非洲大陆已经安装了 1800 个“玩耍泵”，遍布南非、莫桑比克、斯威士兰、赞比亚等国家。要知道，如果没有几千万美元的善款作为支持，如此大规模的安置是不可想象的。

一个公益项目能够获得如此程度的热度、认可和资金支持，是无数公益组织所梦想的。然而，人们慢慢才意识到，这是一个糟糕的项目，是公益的一次彻底失败。首先，“玩耍泵”并不好玩。因为“旋转木马”被赋予了抽水的功能，自然有很大的阻力，孩子们需要持续地用力推才能转动转盘，很费力、没什么乐趣，没有多少孩子愿意玩它。但是村里依然需要用水，所以最后推转盘取水反而成了当地妇女的累活。其次，“玩耍泵”的抽水效率很低。同样时间内，手动水泵能抽上的水是“玩耍泵”的5倍，而且还更省力。联合国难民署（UNHCR）规定每人每天需要15升水，而这需要孩子们在“玩耍泵”上旋转27个小时才能抽取。而且，这么一个不好用的装置非常贵，一个“玩耍泵”从制造到安装，需要花费14000美元，是普通手动水泵的四倍。更夸张的是，在安置“玩耍泵”时，安装者有时会拆毁原有的水泵，这意味着“玩耍泵”成了一个村庄唯一的水源。更为糟糕的是，当“玩耍泵”出现故障时却经常得不到维修或者更换，一个“玩耍泵”坏了，有时候需要长达3个月才有人来维修，而在此期间一村人的用水通常没有着落。联合国儿童基金会（UNICEF）在实地调查“玩耍泵”的使用情况时发现，有超过25%的“玩耍泵”需要维修。“玩耍泵”本是为了解决非洲缺水问题而产生的，却加剧了许多村庄的用水困难。

▲案例分析题

请结合全面风险管理与评估策略，分析“玩耍泵”项目的问题出在哪里？

▲本章思考题

1. 项目启动在公益慈善项目管理中的作用是什么?

2. 公益慈善项目管理中如何开展全面风险评估并制定相应策略?

3. 请设计利益相关方的参与机制。

4. 在建构项目治理结构时要注意哪些问题?

5. 项目章程的作用和主要内容是什么?

第四章

项目计划

本章要点

1. 项目进度计划的内容
2. 沟通计划
3. MEAL 计划
4. 角色与职责计划
5. 供应链计划
6. 人力资源计划

第一节　项目计划概述

一、项目计划书

在项目计划之前的每一个阶段都会制定一系列与该项目相关且详细程度不同的文件，比如项目逻辑框架、项目建议书、项目章程等。即便这些文件会提供一些对未来项目执行有益的信息，但其在目的、格式、详细程度、参与、受众、时间以及进度等方面，与公益慈善项目计划书仍存在很大的差异。所以不能将项目逻辑框架、项目建议书或其他文件与项目计划书混为一谈，这一点很重要。

表 4.1 概括了公益慈善项目建议书与计划书在目的、格式、详细程度等方面的区别。

表 4.1　项目建议书与项目计划书之间的不同之处

	项目建议书	项目计划书
目的	目的在于获得项目的审批和资金支持，并通过简明扼要的沟通方式向提供资金的利益相关方和其他利益相关方传达项目的理念，激发利益相关方的兴趣和支持。	目的在于确保项目按照预定的时间、范围和预算要求成功完成，并建立全面有逻辑性的计划，以供项目团队和其他利益相关方进行评审和参考。
格式	形式多样，通常取决于捐赠人或资助决策者的要求。	系统地涵盖了项目的各个方面。格式通常根据项目团队和关键利益相关方的需求进行制定。
详细程度	为了简洁明了地传达项目想法，其详细程度通常有所限制。主要关注项目的核心信息和关键指标，以便迅速引起利益相关方的兴趣。	更加详尽，对项目的进度计划、MEAL 计划、内部控制计划、沟通计划、人力资源计划等方面提供详细信息，以确保项目的有效实施。
参与	由一个小团队撰写，在时间和参与人数有限的情况下完成。	涉及更多的参与者，包括专家和专业技术人员，以确保项目的专业性和可行性。
时限与进度	通常在项目实施前几个月（甚至几年）完成，时间条件比较局限，以便争取资助和支持。	在项目执行开始之前完成，在项目生命周期的关键节点进行评审和更新，以进一步制定、修改和更新计划。这使得项目计划具有更灵活的时限和进度安排，以适应项目的需求和变化。
受众	针对捐赠人和分配捐赠资源的利益相关方。	针对负责实施项目任务的团队。

表格来源：《发展领域项目管理专业指南 PMD Pro—第 2 版》。

一个综合全面的项目计划要考虑多个不同的方面。因项目的复杂性不同，有些方面可能考虑较多，有些方面考虑较少。根据项目的背景、复杂性、涉及的利益相关方以及项目的运营环境，什么样的项目计划最适合具体项目，取决于项目经理和利益相关方的需要。

二、项目计划的内容

依据组织和捐赠人的要求以及项目的性质与复杂性不同，项目计划的格式可能会千差万别。针对项目供应链、项目沟通、项目人力资源管理等，项目团队可能选择采取不同的文件单独制定专门的计划，这取决于项目的规模、复杂性和风险。每一个计划都应该与组成综合项目计划的其他文件保持一致。项目计划旨在提供一个项目管理模型，清楚地描述在项目的时间、成本和范围内要做什么工作、何时以及由谁来做这些工作。一份执行计划可能包含进度计划、风险计划、MEAL计划、沟通计划及利益相关方参与计划、角色与职责计划、供应链计划、人力资源计划等内容。

三、项目计划的意义

（一）确保项目管理公信力

项目计划建立了项目执行的系统和程序，利益相关方不仅可以在其中查阅项目信息，还能够通过采用报告、文件、会议、投诉机制等让利益相关方参与到项目管理过程中。当然，在这个过程中，要及时落实相应的机制获取他们的反馈。制定项目计划也有助于保护项目数据和信息的安全，项目执行必须确保项目干预（介入）不对社区和受益人造成任何负面影响，安全保存数据和信息对于确保受益人的信息不被泄露非常重要。

（二）落实质量与内部控制机制

一是内部控制，项目计划有助于实现内部控制，促进团队负责任地使用资源，防止欺诈活动。尽管内部控制不能完全防止这些情况发生，但可降低它们的发生概率。对项目内的资源和流程负责是项目经理责任的一部分。

二是变更控制，几乎可以肯定的是项目必然会发生一些变更。变更控制的核心是确保只能对项目进行必要和经授权的变更。

三是质量控制，将质量控制与投资回报直接联系起来，提供最高质量的产品、服务和项目，是向上、向下和横向问责的一部分。

四是确保干预（介入）符合这个领域的优先考虑和目标。这样，在这个领域运行的所有组织和项目都清楚如何确定和衡量质量，共同为这个最高目标做出贡献。

（三）实现项目计划的迭代升级

在项目推进过程中，需要不断对项目计划进行修改，针对项目范围所需要的进度、成本以及资源提供更多细节，不断进一步细化项目计划实现迭代。迭代的目标是不断重复一项任务两次、三次甚至更多次以达到理想成果的行为。在项目信息很难收集或者变化特别快的情形下，额外的因变量、要求、风险、机会、假设以及限制如果发生重大变化，就会引发执行计划一个或多个要素的改变。采用迭代性的项目计划方法，各个组织可以更加灵活地管理变更。在每一个项目分期开始的时候，项目团队都需要重新评审项目计划，做到确认项目逻辑、风险、计划、假设和约束；更新和修改项目的活动、时间表和资源；确保项目干预（介入）活动的焦点是解决给项目成功带来最紧急威胁的风险和问题。

第二节　进度计划

在公益慈善项目管理中，进度计划与三重约束三角形（时间、范围和资源）密切相关。它涉及对项目工作范围、时间表以及所需资源（包括预算、人力等）的规划，以确保项目能够按预期产出。通过活动界定、活动排序、活动资源估计、活动持续时间估计、编制进度表五步流程，项目团队和参与计划的利益相关方可以有条不紊地规划、协调和更新进度计划，以确保项目顺利推进，达到预期的目标和社会影响。

第 1 步	·活动界定：运用 WBS 界定和细化项目范围。
第 2 步	·活动排序：运用网络图，将所有活动按照需要发生的先后顺序排列。
第 3 步	·活动资源估计：与相关方协作，编制资源估算（包括预算、材料 / 物品、人力资源、供应商和承包商）。
第 4 步	·活动持续时间估计：运用关键路径图，确定完成每一项活动需要多长时间，据此估计整个项目需要持续多长时间。
第 5 步	·编制进度表：根据前面 4 步的输出绘制甘特图。

图 4.1　进度表计划的 5 个步骤

图片来源：《发展领域项目管理专业指南 PMD Pro—第 2 版》。

项目进度计划的每一步都建立在前一步的基础之上，因此，从第一步开始就需要做到尽量全面和详细，从而为项目提供最准确的计划。

一、活动界定

在慈善项目管理中，进度计划的第一步是利用工作分解结构（Work Breakdown Structure，WBS）来界定项目的范围。通过使用 WBS，项目团队可以制定一个详细的活动清单，全面记录项目范围内的所有直接和间接活动。WBS 是项目经理用来界定项目范围的首选工具，通过对项目的工作进行多层级分解，实现对项目范围的明确规划。简而言之，WBS 是一种通过“工作包”层级结构呈现项目范围的方法。

2. 房间改善

2.1 改善前

2.1.1 确认方案

2.1.2 采购物资

2.1.3 家具下单

2.1.4 招募改善志愿者

2.2 改善中

2.2.1 家具发放和卸货

…… ……

图 4.2 “焕新乐园”WBS 例子（部分）

图 4.2 展示了一个不完整的图形式 WBS，包括一个工作包。这个工作包主要包含了房屋改善的活动，分为改善前、改善中和改善后，改善前的活动包括确认方案、采购物资、家具下单和招募改善志愿者，改善过程中的活动有家具发放和卸货、基础设施改善以及家具安装，改善后的活动主要包括房间改善资料的整理等。一个完整的 WBS 所要求的详细程度远超过图中的例子。在每一个工作包中，有多种不同的活动需要完成。要完成这些任务需要落实哪些步骤，项目经理可能心中已经有了一个概念，但如果让专业人士参与这个分解的过程，则会使工作范围更加全面和精准。这一点突出强调了为什么创建 WBS 需要采取参与式的方式，一定要让那些将要执行项目工作的利益相关方参与这个过程。此外，WBS 还必须包括所有间接工作，即支持性的项目活动。

如果团队选择使用项目管理软件或者其他方式创建 WBS，同样可以根据图 4.2 所示的工作分解结构方法，采用行首缩进的格式，这样能更加完整清晰地展示工作任务。创建 WBS 的方式因项目团队而异，可以根据喜好和项目性质来选择适合的方法。无论采用何种形式，关键是确保所有项目范围得到详细描述。

二、活动排序

在公益慈善项目管理中，一旦所有活动都被界定，项目团队要绘制一个网络图，以图形方式展示工作分解结构中各项活动之间的顺序、关系和依赖性。这可以帮助项目团队更清晰地了解活动之间的逻辑关系，确保项目按计划有序推进。

网络图中的每个方框代表公益慈善项目范围内的一个具体活动，这样能够清晰地识别项目的各个关键活动。这些方框之间用箭头连接，代表活动之间的依存关系，从而揭示出不同活动在进度时间表和完成顺序上的相互联系。网络图有助于准确识别哪些活动需要在其他活动之前完成，以保持项目的流程合理有序。有些情况下，活动的顺序是线性的，这表明它们存在着先后顺序的关系，其中一个活动必须在另一个活动之前完成。网络图中的一些方框也可以相互平行排列，表示这些活动可以相互独立地同时进行，互不影响。

在“焕新乐园”的网络图中，在改善方案确定后以及基础设施改善前，中间好几个活动是可以同时进行的，如采购物资、招募志愿者和家具下单可以同时进行，因为他们之间没有直接关系。而在这三条路径的活动都完成了之后，就可以开始基础设施的改善了。

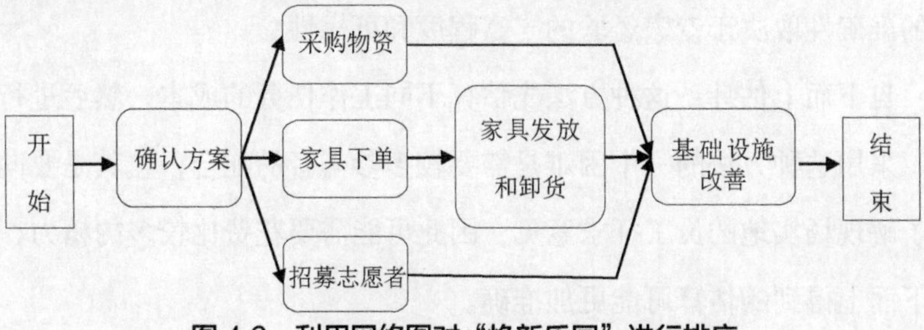

图 4.3　利用网络图对“焕新乐园”进行排序

三、活动资源估计

在公益慈善项目管理中，一旦确定了活动顺序，接下来就会进行活动时间估算。然而，在进行时间估算之前，要先完成资源估算。资源估算和时间估算之间存在紧密关系。资源是影响项目时间估算的核心要素之一，在进行时间估算之前要先对资源进行决策，即明确一项活动要投入资源的数量与质量情况，当然这要受时间、预算、法规和组织政策等一系列因素影响。

（一）预算规划

无论什么项目以及项目预算是采用何种方法编制的，项目财务计划的好坏在很大程度上取决于项目预算。尽管预算永远无法做到 100% 的准确，因为项目经理无法预测未来，且项目会受到各种无法控制的变数影响，但是要提高预算的准确性以支持项目经理做出明智的决策。

预算估计通常采用自上而下、自下而上和参数估计相结合的方式。自上而下法从总体成本出发，自下而上法从具体工作任务估计开始，而参数估计则要利用历史数据和统计关系。根据项目的特点选择适合的估算方法可以提高预算准确性。

自上而下估计：这种方法先对项目的总体成本进行估算，然后自上而下给不同的项目阶段或工作模块分配总体成本的一定百分比。该方法具有一定的专断性，优点是只需要数量较少的专家就可以开展，估算结果的准确性取决于专家经验的丰富程度和可靠性。

自下而上估计：这种方法先估算不同工作任务的成本，然后进行汇总。采用这种方法的一个困难是需要较多参与者的配合，尤其是要向大量了解现场实地的员工征求意见，因此可能需要花费比较多的精力，但自下而上得到的估算可能更加准确。

参数估计：这种方法较少依赖于个人，而是利用历史数据和其他变量（例如建筑面积、道路长度等）之间的统计关系来估计。参数估计往往用于有具体产出的项目和项目的组成部分。它通过从交付类似产出的项目中获得的历史数据来进行估计，并用这些数据来计算范围 / 质量、成本 / 资源和 / 或时间 / 进度。参数估计具有比较高的准确度，但取决于投入模型的基本数据的质量。

（二）开展预算

基于活动的预算在公益慈善项目计划中是一种准确且有效的方法，能够更好地规划和控制项目资金的分配。通过将项目分解为具体的活动，并为每个活动说明成本，项目经理可以更准确地了解资源的使用情况，为项目的成功交付提供支持。

在公益慈善项目计划中通常通过以下两个原则来增加基于活动预算的细节：

一是在项目计划过程中制定完成的活动清单；

二是确定完成每一项活动需要什么资源，估计每一项活动需要花费多少。

达到这两个要求的话，预算将提供每项活动的详细信息，并显示可被监控的相关成本。详细的预算信息意味着将每项活动的各个方面都考虑在内。通过监控实际支出与预算的差距，项目经理能够获得每项活动的准确成本情况。如果实际支出超出了预算，这可能意味着项目在经济方面遇到了挑战。项目经理需要重新思考资源的分配，以更有效地执行其他的活动。例如，可以寻找节约成本的方法，合理分配资源，以确保项目财务的可持续性。如果监测显示项目已无法在整个范围内按时完成，项目经理更需要灵活地应对。他们可以重新评估项目的优先级目标，以便更好地应对资源的限制。在必要时，项目经理可以与项目理事会或项目治理机构商讨，寻求对工作范围的适度调整，以确保项目能够达到有意义的成果。

四、活动持续时间估计

完成资源估计后，下一步是对网络图进行重新审视，为所有的活动或任务添加时间估计。它有助于细化项目的时间安排，更加准确地预测项目的完成日期，以及确保项目的可行性与可实施性。

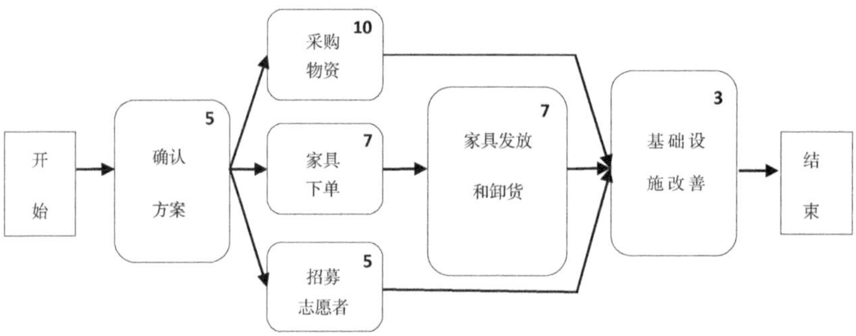

图 4.4 “焕新乐园”项目部分网络图①

网络图绘制完成后，接下来要思考两个重点问题：

项目关键路径：项目的关键路径指完成项目活动所需最短时间的一系列任务的组合。关键路径由一系列任务组成，其中纵向任务可以同时完成，横向任务依次完成。这些任务的排序代表了项目从开始到结束之间的最长路径，关键路径决定了项目的最短完成时间。

关键路径的长度是项目完成时间的最低限度，关键路径的存在告诉我们哪些任务对项目的整体进度具有至关重要的影响，这意味着项目不能在少于关键路径所需的时间内完成，除非约束项目的其他条件发生变

① 图中数字均为天数。

化（如资金 / 资源，或范围 / 质量等），相反，如果其中任何一个任务发生延误，都会导致整个项目的延迟。图 4.4 显示，“焕新乐园”房屋改造部分的关键路径所需时间为 22 天，这意味着，该部分工作不可能在少于 22 天的时间内完成。因此，项目管理团队需要特别关注关键路径上的任务，采取适当的措施来确保这些任务按时完成，以保障项目整体进度得到合理安排。

项目浮动时间（松动时间）：在项目管理中，浮动时间或者松动时间是项目网络图中的某项任务可以延迟但不至于导致整个项目完工日期延迟的时间。在“焕新乐园”项目这个案例中，关键路径的浮动时间为零，意味着关键路径上的每个任务都没有可延迟的余地，延误任何一个任务都将影响整个项目的进度。但是，其中招募志愿者这个任务最多可延迟 9 天，而且不会影响整个项目的时间进度，如果招募志愿者这个任务延迟超过 9 天，这就需要重新确认项目规划中制定的关键路径。

五、编制进度表

接下来，项目团队可以根据前面几步做出的估算制定一个项目进度表。如果将项目计划和执行当成多项小任务进行管理，相互依赖关系的任务用直观的前后方式显示，可以同时进行的任务用平行并列流程呈现，用图形绘制总体进度表，操作起来就容易多了。

制定项目进度表最合适的工具是甘特图，有时候也称作工作计划图。甘特图用条块图形代表项目活动的进度，包括它们的开始日期、结束日期以及预期时间长度，在不同情况下，甘特图的复杂性和全面性会有所不同。甘特图的核心特点是绘制、阅读和使用都比较简单，即使任务及其相互之间的依存关系复杂，也可以保持甘特图的简单性。甘特图还具有一些高级功能，比如显示任务之间的浮动时间（松动时间），帮助项目团队识别哪些任务可以灵活安排，哪些任务对整体进度至关重要。此外，甘特图还能够帮助团队识别可能的冲突、延误或资源瓶颈，并进行相应的调整。

一个有效的方法是，将项目更广泛和更全面的活动汇总到一个摘要甘特图中，再采用一个详细的进度表进一步详细描述细节情况。与详细甘特图相比，摘要甘特图不仅在详细程度方面不同，在用途方面也不同。在与项目利益相关方讨论项目高层面进展时，摘要甘特图特别有用。但是，详细甘特图不那么侧重高层面沟通，而更多地侧重操作层面的活动计划、执行和监测，其受众主要是项目团队和负责完成项目工作包和执行任务的合作伙伴与供应商。

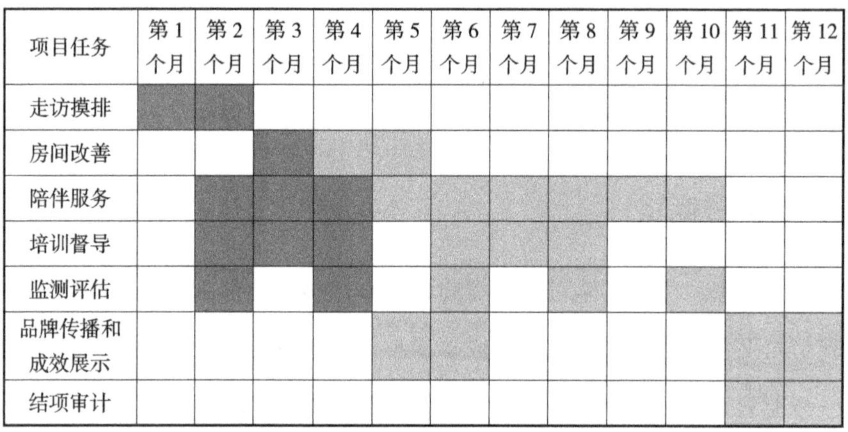

图 4.5 “焕新乐园”项目的甘特图

在图 4.5 中，工作包、任务和分项任务分布在竖轴（列）上，时间线分布在横轴（栏）上。从图中可知，“焕新乐园”项目包含 7 项主要工作任务，项目的 1 个周期为 1 年。图中条块表示某项任务从何时开始、在何时结束。黑色格子表示任务已经完成，灰色格子表示工作还有待完成。需要注意的是，甘特图的设计要随时更新，以给项目团队提供一个工具，不仅显示每一个月计划要执行的活动，还提供一个直观的工具用来显示哪些项目活动已经完成（哪些没有完成）。

甘特图通常是用计算机软件绘制的，但也可以使用其他工具来绘制。例如，在纸上或者项目办公室的白板上用手绘制甘特图。还可以利用项目管理软件来绘制和管理甘特图，如 Microsoft Project，或者从其他软件中任选一种。

第三节　MEAL 计划

监测和评估是所有项目的基石，要真正发挥 MEAL 计划的作用，在制定计划的各个流程时要做大量的思考和多方面的考虑，尽量做到全面和有效。

一、监测

监测是跟踪项目操作层面的工作。它回答的问题是："活动是否按计划完成？""是否按预期实现产出？""项目工作是否按进度表推进？""计划与实际情况之间有什么差距？"通过项目监测给项目经理提供信息，让他知道项目在资金、时间、风险、质量和进度等方面的绩效如何。监测主要发生在活动和产出层面，在整个项目期间要持续进行。

公益慈善项目管理的核心在于确保项目的有效实施和资源的合理分配，而监测则是实现这一目标的关键手段。监测的内容包括以下几个方面。

（一）项目进展监测

项目进展监测是对项目计划执行情况的持续跟踪和评估。通过定期比较实际进展与计划目标，及时发现进度滞后或提前的情况，并采取相应的措施进行调整，确保项目能够按计划推进。

（二）资金利用监测

资金是公益慈善项目运行的重要支撑，因此，对资金利用情况进行监测至关重要。通过对资金的筹集、分配、使用等环节的监控，可以确保资金的合理使用和透明支出，防止资金的浪费和滥用。

（三）社会影响监测

公益慈善项目的目的在于产生积极的社会影响，因此，对社会影响的监测是评估项目成功与否的重要指标。通过对项目实施前后社会状况的变化进行分析，可以评估项目对社会产生的实际效果和影响力。

（四）受益人满意度监测

受益人满意度是衡量项目质量和服务效果的关键指标。通过定期收集受益人的反馈意见，了解他们对项目的满意度和需求，可以为项目的优化和改进提供依据。

（五）财务状况监测

财务状况监测是对项目财务状况的全面把控。通过对项目收入、支出、结余等方面的监测，可以了解项目的财务状况和运营效果，从而为项目决策提供数据支持。

（六）法规遵守监测

公益慈善项目在运营过程中必须遵守相关法律法规和政策要求。通过对项目运营过程中的合规性进行监测，可以确保项目在合法合规的前提下进行，避免因违规操作而引发的风险。

（七）内部管理监测

内部管理监测是对项目内部管理机制和运作流程的持续优化。通过对内部管理流程、团队协作、决策机制等方面的监测，发现内部管理中存在的问题和不足，及时进行改进和优化，可以提高项目管理的效率和效果。

监测计划应该包括所有的流程和步骤，根据计划和任务报告的要求，对活动进展情况进行监测和更新。项目经理应有一个持续监测和更新项目进度的机制，用以识别需要解决的或者需要上报给上级项目治理机构的关于进度延迟的问题或其他问题。监测的形式可以是定期召开项目团队会议、报告、现场查看等。MEAL 团队在执行监测工作时要定期通知项目经理。

二、评估

项目评估往往用来衡量项目成果的进展或达成情况。评估回答的问题是："项目是否成功达到预期成果？""项目是否为其最终目标做出贡献？"评估通常是在多个相关联项目组成的项目集层面进行，但也可能是在项目层面进行，这取决于项目周期长度、预算、复杂性以及项目类型。每一类评估都有一个具体的目的，评估活动一般不会很频繁，都会在项目的某个具体时间点进行，评估要求采取比较正式的程序（经常是由技术顾问或者外部评估员进行）。

最终评估一般在项目结束时开展，这常常是资金提供机构或者组织自己要求必须做的工作。在最终评估中常见的问题包括：项目是否成功达到期望的成果、目的和影响？项目是否切合实际需求、是否有效和高效？项目的运行和影响是否具有可持续性的潜力？逻辑框架中表达的理论是否得到支持？

实时（阶段性）评估的优点是既能够回答最终评估的很多问题，又可以在活动进行当中提出建议，有利于提高项目的效率和影响。

事后评估是在项目结束之后某个规定的时期检查项目的影响，有时候是在项目正式结束之后一年才进行。事后评估有时候也被称为可持续影响评估，主要是衡量项目投入在多大程度上实现了项目成果和影响。当需要用证据来验证慈善项目的成果时，利用事后评估的方式特别有用。

开展评估需要制定评估计划。制定评估计划要考虑评估所需的资源和资金、评估的时间限制、评估员可能存在的约束，以及是否邀请外部评估员。需要强调的是，应该在项目规划阶段而不是在项目快要结束时制定评估计划。在制定评估计划时，绘制评估汇总表有助于概括描述评估的频率和目的。

表 4.2　评估汇总表

评估目的	关键评估问题	时间	内部或者外部	开始	完成	评估预算
××××××	××××××	××××××	××××××	××××××	××××××	××××××
××××××	××××××	××××××	××××××	××××××	××××××	××××××
××××××	××××××	××××××	××××××	××××××	××××××	××××××

三、公信力与经验总结

公信力指的是确保落实各种机制，在项目期间征求和收集利益相关方的反馈、从反馈中吸取经验教训，并把它作为迭代性项目规划的一个工具。同时，公信力要求项目团队做到尽可能透明并鼓励参与，让利益相关方（特别是社区和受益人）参与各个流程，分享项目的有关信息。

在项目的规划阶段，要确保问责机制被纳入项目计划中并得到落实。例如，可采用海报来解释受益人的权利，或者通过开通热线来收集受益人和利益相关方的反馈。重要的是要确保利益相关方在项目期间能够向项目团队提供经验和需求等反馈信息。

经验总结贯穿整个项目生命周期，在项目中确定一些节点，项目团队和利益相关方利用监测、问责和执行计划进程中获得的信息和数据，在这些节点对项目进行反思。这样可确保项目在向既定的目标推进，并在项目内创造一种学习和总结经验的氛围。

四、制定MEAL计划

MEAL 计划应该与项目的指标、活动和产出直接相关。在公益慈善项目管理中，制定一份综合全面的 MEAL 计划可以为项目决策提供参考依据。MEAL 计划由多个文件组成，每一个文件代表一个监测系统，主要文件包括指标绩效跟踪表、绩效监测计划、反馈机制、评估计划与工作说明书、问责机制、经验总结计划。

不管项目最终的 MEAL 计划包括哪些文件，最基本的是每一个监测系统都应该包含六个基本要素：指标、进度表与预算、员工 / 合作伙伴、完整数据循环、数据管理，以及与上一层级的联结。

表 4.3　MEAL 的六个基本要素

指标	明确界定 有基准线 系统性地度量
进度表与预算	为监测任务分配时间与资金 数据收集、审核、总结、分析与反馈的进度表流程

续表

员工 / 合作伙伴	明确监测责任 能力要求 与社区一起规划监测活动 针对运行社区监测系统的能力，为社区提供培训 运用参与监测技术 收集与验证监测数据 处理监测数据
完整数据循环	包括管理监测数据的一个完整循环： 1. 收集；2. 审核；3. 总结；4. 分析；5. 反馈
数据管理	制定和落实程序，确保数据的完整性和妥善保管
与上一层级的联结	将项目监测系统与组织的项目集和 / 或项目组合的上一层级联结起来

表格来源：《发展领域项目管理专业指南 PMD Pro—第 2 版》。

第四节　沟通计划

与利益相关方的沟通以及利益相关方参与项目都不会自然而然地发生，需要落实在一个具体的计划中，需要概括描述项目中要做的沟通工作，以及如何与何时让哪些利益相关方参与。要注意的是，明白需要与谁进行沟通、沟通什么内容以及何时沟通，这可能是让项目治理机构、项目集经理和利益相关方参与的好时机，能够确保他们的反馈和建议得到考虑。一个全面的沟通计划大致包含以下内容。

一、明确沟通目标

在公益慈善项目管理初期，明确沟通目标非常关键。这不仅有助于团队成员理解项目的方向和目标，也有助于确保所有相关方对项目有共同的认识。沟通目标应该具有明确性、可衡量性、可达成性和时限性。

二、确定沟通对象

沟通对象涵盖了项目内部团队成员、合作伙伴、捐赠者、受益人以及社会公众等利益相关方。明确沟通对象有助于我们针对不同群体的需求和特点进行有效的沟通。

三、选择沟通方式

根据项目沟通对象的不同，我们可以选择适当的沟通方式。例如，对于团队成员，可以采用会议、内部通信、即时通信工具等方式进行沟通；对于外部合作伙伴和捐赠者，可能需要通过正式的邮件、报告或新闻发布会等方式进行沟通。

四、设定沟通频率

根据项目的进度和重要性，设定适当的沟通频率。例如，对于重要的项目进展或决策，可能需要定期进行沟通；而对于一些日常性的工作，则可以适当降低沟通频率。

五、安排沟通时间

确保在安排沟通时间时，考虑到各方的时间差异和日程安排，确保沟通能够在合适的时间进行，避免沟通冲突和延误。

六、明确沟通内容

沟通内容应该围绕项目的目标、进展、问题、解决方案等展开。同时，要确保沟通内容准确、清晰、简洁，易于理解和接受。

七、评估沟通效果

在项目执行过程中，定期评估沟通效果是非常必要的。通过收集反馈、分析沟通记录等方式，了解沟通效果是否达到预期，以便及时调整沟通策略。

八、调整沟通策略

根据沟通效果的评估结果，及时调整沟通策略。例如，如果发现某种沟通方式效果不佳，可以考虑更换沟通方式；如果发现沟通频率过高或过低，可以适当调整沟通频率。

沟通计划要确定何时、如何、向谁沟通什么事情。采用表 4.4 的沟通计划模板，项目期间需要做什么沟通工作，一目了然。

表 4.4　沟通计划

沟通对象	沟通方法	沟通内容	沟通时间	沟通频率	负责的团队成员
出资者 / 捐赠人	报告	产出与成果的进度及财务状况	约定	每月一次	项目经理
当地政府部门	面对面会议	活动进度	约定	每季度一次	项目经理

第五节　角色与职责计划

任何公益慈善项目都无法由项目经理单独完成，即使是最小的项目都会依赖各种利益相关方网络。随着项目的复杂性增加，关系网不断扩大，最终可能包括社区团体、政府部门、供应商、地方政府机构、大学、宗教信仰组织和其他利益相关方。管理一个利益相关方网络面临的重大挑战，就是确保不同项目参与者有明确的角色、职责、权限和沟通，对此就需要运用责任分配（RACI）矩阵来应对这一挑战。责任分配矩阵是一个矩阵图，一般纵轴（左边栏）为任务或者交付物，横轴（首行）为不同的角色。矩阵中最常见的四个关键角色的英文首字母缩写就构成了工具的名称 RACI：

负责人（Responsible）：负责人包括去落实工作、完成任务的人。每一项任务一般有一个角色带领完成这项工作，尽管其他人可能被委派参与协助工作。

问责人（Accountable）：问责人主要关注重点问题，包括负责人必须批准授权（签字确认）责任人去完成工作，每一项任务或可交付物必须只能指定一个负责人。

被咨询人（Consulted）：被征询意见的人，与之沟通是双向的。

被通知人（Informed）：那些被通知项目进展情况的人，常常是只在任务或者交付物完成的时候才被通知，与被通知人的沟通只是单向沟通。

表 4.5 是“焕新乐园”项目一个简化的 RACI 矩阵。

表 4.5　“焕新乐园”的 RACI 矩阵

活动	负责人	问责人	被咨询人	被通知人
获得改造房屋的方案	项目经理	合规总监	地区建筑部门	项目团队
陪伴服务	志愿部经理	项目经理	项目团队	关键利益相关方
准备项目进度报告	项目经理	项目经理	项目团队	关键利益相关方

应该通过多方协同来绘制 RACI 矩阵，针对任务和每一项任务的角色，与团队成员和利益相关方达成一致，获得他们的支持。一旦 RACI 矩阵绘制完毕，就应该与项目团队和项目利益相关方进行分享，确保各

方对项目的角色与职责有清晰的理解和期待。

第六节　供应链计划

供应链计划必须被整合到进度计划的编制中，与进度表协调规划。供应链计划流程应该与供应链团队成员共同完成，并邀请利益相关方参与，邀请项目集经理参与会很有帮助。项目集经理能够全面概括项目集内所有项目的供应链要求，还可能有机会将各个项目的供应需求结合起来。制定供应链计划应该考虑存在的可能约束，特别是采购和物流方面的限制。

一、采购计划

建议向供应商采购物品时制定采购计划。一份好的采购计划还会进一步描述与指定供应商签订合同时要遵循的流程。采购计划的步骤应包括：

（一）需求分析与评估

确定需求：明确慈善项目的具体需求，包括所需物资的种类、数量、质量等要求。

需求分析：分析项目需求背后的原因、紧迫性和长期性，确定供应链计划的时间框架和目标。

需求评估：评估当前供应链的能力和潜力，确定供应链计划是否能够满足项目需求。

（二）供应商选择与审核

供应商搜索：根据需求，寻找合适的供应商，包括物资提供商、服务提供商等。

供应商评估：评估供应商的信誉、产品质量、价格、交货能力等，确保选择的供应商能够满足项目要求。

供应商审核：对选定的供应商进行实地考察或资质审核，确保供应商的合规性和可靠性。

（三）物资采购与预算

物资采购：根据需求和供应商选择，进行物资的采购工作，包括签订采购合同、确定交货时间等。

预算编制：根据采购价格和数量，编制供应链计划的预算，确保项目资金的合理分配和使用。

二、物流计划

因为很多项目都依赖准时交付材料，适当的物流支持是一个必要条件。物流意味着在合适的地方和合适的时间获得合适的东西。狭义的物流涉及货物的运输，广义的物流包括准确、高效率、及时地将物品交付到预定的地点。物流计划的步骤应包括：

（一）确定物流合作伙伴

慈善项目需要与可靠的物流合作伙伴建立合作关系。这些合作伙伴可能是专业的物流公司、货运代理或是志愿者组织。选择物流伙伴时，需考虑其运输能力、覆盖范围、服务质量、成本效益以及是否有慈善项目的经验。

（二）评估运输需求和预算

评估慈善项目所需的运输量、运输类型（如陆运、海运、空运）以及预期的运输成本。根据项目的规模和资金状况，制定合适的物流预算。

（三）设计运输路线和时间表

基于运输需求和预算，设计高效且经济的运输路线。考虑路线的距离、时间、安全性以及潜在的交通瓶颈。制定详细的物流时间表，确保物资能够按计划到达目的地。

（四）安排物资包装和标记

为确保物资在运输过程中的安全和完整，需要制定适当的包装方案。包装材料应能够抵抗天气和环境因素的影响。此外，还需为物资贴上明确的标记，包括目的地、项目名称、联系人信息等，以便在运输和分发过程中快速识别。

（五）确保运输过程中的安全

采取必要的安全措施，如安装防盗锁、使用 GPS 跟踪设备等，以确保物资在运输过程中的安全。与物流合作伙伴保持沟通，了解运输过程中的潜在风险，并制定相应的应对策略。

（六）监控物流进度和及时调整

利用物流管理系统或第三方平台实时监控物资的运输进度。一旦发现异常情况或延误，及时与物流合作伙伴沟通并调整运输计划，确保物资能够按时到达目的地。

（七）物资到达后的分发计划

在物资到达目的地后，制定详细的分发计划。这包括确定分发地点、分发方式（如集中分发、直接配送等）、分发时间以及所需的人力资源。确保物资能够迅速且有效地分发给受益者。

（八）物流成本控制和优化

在物流过程中，要密切关注成本情况，并采取有效措施控制成本。例如，通过优化运输路线、选择成本效益更高的物流合作伙伴、减少不必要的包装等方式降低成本。同时，定期对物流计划进行评估和优化，以提高物流效率和降低成本。

三、资产管理计划

所有项目设备、物资和项目出资购买或提供的其他财产，都应该被视为项目资产。因此，应该确定一个资产管理政策，根据这个政策，有价值的资产应该得到妥当监测、维护和处置。其中最重要的是要对资产进行定义，即定义资产的价值和使用寿命。这一定义随组织、捐赠人和/或项目的不同而不同。例如，联合国开发计划署（UNDP）确定资产的最低价值为不少于1000美元，使用寿命至少为3年。表4.6展示了UNDP管理的几大类资产以及每一类资产的使用寿命。

表4.6　UNDP资产分类

类别	使用寿命	其他因素
典型的办公电子产品（如计算机、打印机）	3年	
大型机器（如发电机、空调）	20年	
家具	10年	
汽车	5年	或者100000千米

表格来源：《发展领域项目管理专业指南PMD Pro—第2版》。

慈善项目资产管理计划的步骤包括：

（一）资产接收与登记

公益慈善项目的资产管理首先要确保所有捐赠物资能够被及时、准确地接收并进行登记。接收资产时，应有专门的接收人员负责，详细记录资产的捐赠者、捐赠时间、物资名称、数量、质量等信息。同时，要为每一项资产生成唯一的标识符，便于后续的追踪和管理。

（二）资产质量检验

为确保资产的质量和安全性，应进行质量检验。这包括对资产的外观、性能、安全性等方面进行检查和测试。对于不合格的资产，应及时与捐赠者沟通并做出相应处理。

（三）资产分类与存储

根据资产的性质和用途，将其进行分类，如食品、衣物、医疗用品等。然后，按照分类将资产存放在适当的场所，确保资产不会受到损坏或变质。同时，要合理规划存储空间，确保资产的安全和方便取用。

（四）资产出库与审批

当需要使用资产时，应进行出库操作。出库前，应提交出库申请，经过相关审批后，方可出库。出库时，应详细记录资产的出库时间、数量、使用部门等信息，以确保资产的合理使用和追踪。

（五）资产使用与追踪

资产出库后，应对其使用情况进行追踪。通过定期收集使用反馈、检查资产使用情况等方式，了解资产的使用情况和效果。对于使用不当或浪费的情况，应及时进行纠正和处理。

（六）资产盘点与清查

定期对资产进行盘点和清查，以确保资产的数量和状态与记录相符。盘点时，应对每一项资产进行仔细检查，对于数量不符或损坏的资产，应及时查明原因并做出相应处理。

（七）资产处置与报废

对于不再需要或无法使用的资产，应进行合理的处置。这包括捐赠、售卖、回收等方式。对于需要报废的资产，应按照相关规定进行报废处理，确保不会对环境和人体健康造成危害。

第七节　人力资源计划

人力资源是所有项目的基本驱动力。人力资源计划应该与人力资源部和其他相关的内部和/或外部利益相关方协作完成。在执行项目过程中，由于招募团队成员往往很费时，再加上项目期间也许会出现员工流失，可能会发生项目延误的情况。

针对项目需要什么样的人力资源，在项目识别与界定和组建阶段已经进行了一次高层面分析。人员、项目组织机构图以及投入水平，在项目建议书中也已经概括描述了。但是，在项目的人力资源方面，还有大量实质性的规划工作要做。一个全面的人力资源计划要考虑以下问题：

1. 需要谁以及什么时候需要？

2. 需要技术专家吗？

3. 要与承包商或供应商合作吗？他们扮演什么角色？

4. 有无员工能力发展计划？

5. 如何评估团队成员？

6. 落实了什么激励制度？如何奖惩员工？

7. 项目组织机构图是什么样子的？

公益慈善项目管理人力资源计划中，除了团队成员之外，很大一部分工作需要志愿者来完成，大多数时候一个慈善项目中志愿者数量以及工作量要远远超过其他成员，所以如何制定志愿者管理计划是很重要的工作，其内容包括以下几方面。

一、志愿者招募与选拔

确定志愿者需求：根据项目规模、活动类型和时间安排，明确所需志愿者的数量、专业和技能要求。

设计招募计划：制定招募计划，包括招募渠道、时间节点、招募流程等，确保信息的广泛传播和志愿者的积极参与。

志愿者选拔：建立选拔机制，通过面试、考核等方式，选拔出具有热情、责任心和专业能力的志愿者。

二、志愿者培训与指导

设计培训计划：根据志愿者的专业背景、项目需求，制定详细的培训计划，包括培训内容、时间和方式。

实施培训：组织专业讲师或经验丰富的志愿者进行培训，确保志愿者掌握必要的知识和技能。

提供指导：在项目执行过程中，为志愿者提供必要的指导和支持，帮助他们更好地完成任务。

三、志愿者激励与成长

设立奖励机制：根据志愿者的表现，设立奖励机制，如优秀志愿者评选、表彰和奖励等，激发志愿者的积极性。

提供发展机会：为志愿者提供学习和发展的机会，如参与更高级别的项目、培训和获得更多学习资源等。

关心志愿者成长：定期与志愿者沟通，了解他们的需求和期望，帮助他们实现个人成长。

四、志愿者绩效评估

建立评估标准：根据项目目标和志愿者职责，制定绩效评估标准，确保评估的公正性和客观性。

定期评估：定期对志愿者的工作表现进行评估，了解他们的优势和不足，为下一步工作提供参考。

反馈与改进：向志愿者反馈评估结果，提供改进建议，帮助他们提升工作能力和水平。

五、志愿者关系管理

建立沟通渠道：建立有效的沟通渠道，如志愿者群、邮件列表等，方便志愿者之间的交流和沟通。

解决问题：及时了解志愿者的需求和问题，积极寻求解决方案，确保志愿者队伍的稳定性。

志愿者关怀：关注志愿者的生活和工作情况，提供必要的帮助和支持，增强志愿者的归属感和凝聚力。

六、志愿者安全与保障

安全教育：对志愿者进行安全教育和培训，提高他们的安全意识和自我保护能力。

安全措施：制定安全措施和应急预案，确保志愿者在工作过程中的安全。

保障机制：为志愿者提供必要的保障措施，如保险、补贴等，减轻他们的负担和压力。

本章案例

传化·安心卫生室[1]

一、背景

目前，我国仍有70%以上的人口居住在农村，村级卫生室作为农村疾病预防的第一道防线和基本医疗的首诊场所，解决了80%的农民健康问题，为农户在公共卫生、疾病预防与诊治和身体康复等方面提供全面持续的服务。所以，村卫生室的卫生状况与基础设施配置直接关系到广大农民的身体健康和生命安全。2016年，国家启动“健康扶贫工程”，提升农村医疗服务的可及性成为健康扶贫的重点。实施“健康扶贫行动”援建千所“传化·安心卫生室”是传化慈善基金会参与健康扶贫的公益项目，该项目实施时间是国家脱贫攻坚的最后三年，主要帮助贫困地区贫困村建设规范化的卫生室和配置医疗设备。项目将覆盖1000个贫困村，150万贫困人口，帮助村民改善就医环境，为他们提供优质的医疗服务。项目实施地均在国家重点扶贫地区，位于深度贫困地区“三区三州”——云南怒江州，以及14个集中连片特困地区——贵州黔东南区和江西罗霄山脉贫困地区。

---

① 资料来源：《通过社会慈善机构促进健康扶贫——传化慈善基金会“传化·安心卫生室”案例》，https://www.sohu.com/a/386679769_673573。

二、项目实施

传化慈善基金会把深度贫困地区作为重点，援建村级卫生室、捐赠相关医疗设备、建立相关管理制度。主要做了以下工作。

1. 通过需求调查，确定援建地区和方式

2017 年 9 至 10 月，项目组深入 9 个县（市）近 50 个村进行了调查研究。发现农村卫生设施缺乏、医技人员不足且后继乏人，是造成农民因病致贫的重要原因。针对这种情况，项目组认为要改变贫困地区农民的健康状况，必须改善村医的工作条件，提高他们的收入。同时，根据中央精神，把“三区三州”（深度贫困地区）作为援建的重点区域。

2. 统一建设标准，按照实际需求进行招投标

按照功能齐全、结构合理、外形美观的要求，与 6 县（市）人民政府共同邀请专业设计机构，统一设计了标准化的卫生室。由于各村人口数量多少不同，建筑面积一般在 80 至 200 平方米之间。各县（市）按照能够满足村民就医需求，方便新农合结算的要求，在对医疗器械的需求逐村进行调研的基础上，制定了医疗器械采购清单，目前正按规定进行招标采购。对卫生室建设做到六统一，即“统一规划、统一标准、统一标识、统一碑文、统一验收、统一器材采购”。

3. 与其他机构合作，放大减贫效果

第一，企业与农村的整合。通过传化慈善基金会的平台，传化集团员工及旗下子公司也广泛参与到项目当中，为当地连接了资源和机会。如传化集团团委在江西省兴国县当地村小捐赠了物资，和当地村委进行深入交流，探讨了助学一对一的可能性。传化涂料有限公司为受资助县（市）捐赠房屋建设的涂料。第二，拉动政府和社会资源。传化慈善基金会投入 7000 万元，在云南、江西和贵州三省建设 350 所村卫生室，在此基础上拉动政府和社会资源。政府不但为每所卫生室建设兜

底，兴国县政府还投入3000万元新建120所村卫生室，石城县和雷山县政府分别投入675万元和540万元，分别新建了27所村卫生室。新安化工在基金会的带动下，意向捐资1000万，支持村卫生室建设。第三，发挥互联网的作用。在援建卫生室和医疗器械的基础上，项目组探索以“互联网+”的方式，链接城市医疗资源，打造村医的线上学习平台，提高村医的医疗技术水平。

三、成效

截至2020年4月，350所“传化・安心卫生室”已经全部开工，其中竣工72所，处于主体建设阶段的278所，帮助当地政府实现了标准化卫生室全覆盖。

1. 卫生室可及性提高。比如云南泸水上江镇大练地村是深度贫困村，原有的一所80平方米村卫生室，无法满足25.39平方千米内5094名山区村民的基本医疗卫生需求。在离该卫生室直线距离5千米的大练地村大山脚二组，村里的年轻人到卫生室单趟需要走上4个小时的山路，一直以来该组的村民都希望有一所离家近一点的卫生室。150平方米的“传化・安心卫生室”位于小组中心，村民就医时间缩短到一小时以内。

2. 丰富了农村医疗服务，村民就诊量明显增加。贵州省雷山县脚猛村过去的卫生室又小又旧，墙面脱落，诊室无法分开，卫生室设备简陋。在传化的资助下建起的崭新的卫生室面积为190平方米，分三层楼，设候诊室、治疗室、观察室和妇检室等9个功能室，不仅配备了全新的医疗器械，而且结合山区湿度大的实际，体贴地配置了艾针仪和特定电子波治疗仪。该卫生室自9月份投入使用后，就诊人次明显提升，10月的村民就诊量比7月份增加40%。

3. 在村民中传播了公益理念。村民了解到传化慈善基金会无偿在村子里建设村卫生室时，纷纷表示感谢，许多村民自发出力出地，帮助项目落地。在寸土寸金的云南山区，当地村民何三大听说要新建“传化·安心卫生室”时，主动联系村委会，表示愿意无偿拿出自家的150平方米土地作为卫生室地址，以支持该项公益事业。何三大表示：“种点玉米没啥大价值，如果我的地能帮助村子里把卫生室建起来，才是真的有价值！”

四、经验与启示

1. 扶贫工作需要引入多元主体。在本项目中，地方政府从主要决策者转变为资源协调者，发挥动员地方人力和整合地方资源的功能。在传统的政府主导扶贫模式中，基层政府自身的局限性容易导致扶贫资源配置低效。“传化·爱心卫生室”引入社会力量和专业人才，通过注入社会资金、合理分工弥补了政府的资金不足、专业性不足和效率低下等问题，实现了精准扶贫。

2. 形成规范的项目管理制度，有利于慈善机构捐赠项目的管理和实施。以往的建设项目，资助方往往以单纯捐资为主，缺乏对项目过程的管理和项目质量的严格把关，受资助方在收到捐资后缺少监督约束，往往难以实现资助方的预期目标。传化摈弃了传统捐赠模式，建立了严格的项目管理制度和资金拨付制度，从选址到建设再到竣工验收，亲力亲为，并邀请当地社会组织作为第三方监管部门，对工程质量负责。在资金拨付方面，以合格的申请书及竣工报告为前提，拨付首尾款，如果出现不能按时完工或质量不合格的卫生室，则不予以拨付尾款，并扣除之前拨付的首款。这些做法极大地提高了受资方的主动性，基本上做到了质量进度两手抓。

3. 第三方评估能够促进扶贫工作。传化慈善基金会邀请中国农业大学李小云教授团队作为项目评估方全程参与，为建立健全村卫生室管理制度提供专业指导。评估组实地走访和电话回访了受帮扶县（市）的1700多名农户，深入了解了农村卫生室现状、农民年就诊量及大病需求等问题，并在两年后进行回访。通过3年的对比调查，准确评估“传化·安心卫生室”的有效性与影响力。基于评估报告，评估组提出了若干政策建议，呼吁政府自上而下推动建立有关制度，从根本上缓解农村医疗问题。

▲案例分析题

请从项目计划的视角分析“传化·安心卫生室”项目主要体现了哪些计划？

▲本章思考题

1. 项目计划在公益慈善项目管理中的作用是什么？
2. 项目建议书和项目计划书的主要区别是什么？
3. 项目进度计划主要有哪些环节？
4. 在制定沟通计划时如何选择合适的沟通方法？
5. 人力资源计划的主要内容有哪些？

第五章

项目执行

本章要点

1. 培养项目团队成员的方法
2. 建立团队沟通机制的工具
3. 预算管理的分析方法
4. 合理采购和使用资源的方法
5. 应对出现的问题和潜在风险的方法
6. 变更计划的工具和方法

项目执行阶段是公益慈善项目从计划到实施的关键阶段，通常是最紧张的时候，整个团队要利用人、财、物来实现项目目标、完成项目规划。结合公益慈善项目的管理特点可以认为，项目执行过程中的关键要素包括组织与人员安排、资金使用与拨付、物资采购与发放，而人、财、物的使用过程就涉及项目团队建设、有效沟通、供应链管理、预算管理等问题。

项目经理要监督项目执行的全部流程，确保项目按照预定的时间、成本和范围交付尽可能最高质量的产品或服务。因此，项目经理好比一个船长，领导船上的所有人员和工作，确保货物完好无损地到达目的地。首先，在开始实施项目之前，项目经理应准备和落实好各种流程、计划和工具；其次，在项目执行的过程中，项目经理既要管理项目进度、资源以及人员沟通交流，又要应对出现的问题和潜在的风险；最后，在交付项目成果时，项目经理需要对项目进行评估和总结，以期为未来类似项目积累相关经验。

项目执行过程中利益相关方的全程参与至关重要。前期，已经制定了利益相关方参与策略与沟通计划，落实了人力资源计划。这些计划和策略为项目执行奠定了坚实基础，有助于项目经理在整个项目流程中邀请利益相关方适时参与项目管理。

项目执行阶段如此重要的原因是，它要用实际行动来证明前期计划安排的可行性。这一过程教会我们如何对执行过程中的人力资源、财物资源等进行合理调配和使用，如何与项目利益相关方进行有效沟通交流，如何在项目规定时间内完工，并且如何应对项目执行过程中出现的问题并识别潜在的风险。以上都是本章需要讨论的内容，作为一个项目团队，应该由项目经理带领大家共同努力，解决以上问题，按时和保质保量地完成项目目标。

第一节　人员管理

一、人员管理概述

项目经理在公益慈善项目中有着至关重要的作用。项目经理以团队为依托，协同推进项目任务，实现项目目标。若要成功实现目标，团队需要紧密合作、共同奉献。因此，项目经理面临着最关键且最具挑战性的任务——有效管理团队。这一角色至关重要，需要全力以赴、克服诸多难题。

在进行人员管理时，首先要明确项目经理的能力和责任。一个优秀的项目经理掌握着人员管理的“科学”与“艺术”。他们能够有效地激励团队、沟通远景、授权员工、表彰成绩、倾听交流、以身作则、解决冲突和建立信任。与此同时，知道何时运用哪些项目管理工具，识别和管理变更以及制定全面的项目执行计划。这些都是成功获得项目产出和成果所要求的技术性项目管理技能。

二、组建项目团队

项目团队是指执行项目工作、实现项目目标的一组人员。项目团队由具有多样的技能、知识和经验的个人组成。与独自工作的个人相比，项目团队具有目标一致、绝对信任、合理的角色定位以及临时性、开放性的特点，能够更有效率且有效果地实现共同目标。我们首先要明确项目团队组建的途径与方法：

制定项目基础行为规范。根据实际情况对成员行为做出相关规定，这种规定能够指导成员哪种行为是被允许的、哪种是不被允许的，让团队成员的行为有据可依。

团队成员集中办公。成员集中在一个地方办公，能够有效提高办公效率和效果。

建立良好的沟通机制。团队有效沟通是至关重要的，沟通渠道多种多样，本节后面会进一步介绍沟通工具。

团队文化和精神建设。团队的精神培养和文化建设不可或缺，能够为项目绩效提供精神保障。

此外，组建项目团队需要考虑团队成员培养，培养项目团队人员是一件非常有挑战性的工作，需要考虑员工流动率、团队资金和人力资源以及同一人员服务于不同项目团队等问题。培养项目团队有助于提高工作能力、促进团队互动和改善团队氛围。项目经理需要招募、建设、维护、激励、领导、启发项目团队获得团队的高绩效，以此达到项目目标，通过培养、改进和提高项目团队成员个人以及项目团队整体的工作能力，提升项目成员之间的信任感和凝聚力，使得项目团队成为一个有能力、不可分割的整体，在项目管理的过程中，不断提高管理能力，取得有效管理成绩。培养团队成员需要做到以下几点：

挑选合适的成员。根据项目的实际情况，灵活招纳人选，项目成员具备执行工作中所需的技能和工具。项目大，人多一点；项目小，人少一点。要防止成员过多而导致项目结束后组织面临用人压力。

为项目目标而奋斗。团队成员之间就其工作中的共同价值观和原则达成一致，进而形成团队凝聚力。

团队成员学习。项目要解决的问题是不断变化的，外在环境也在不断变化，这会给项目团队带来不小的挑战。团队成员需要及时补充新的公益慈善知识，学习新的公益慈善观念和思维模式，加强与外界信息交流的深度和广度，才能立于不败之地。

团队成员优势互补。这是团队成功的非常重要的因素。彼得·德鲁克（2012）指出，为了满足需求，必须坚持两个原则：第一要充分发挥自身的优势，第二要充分发挥合作伙伴的优势。

有效的激励。通过向项目团队成员证实项目或者组织正在为其发展进行投资，激励项目团队成员持续为项目服务，但也要注意激励要适度，否则会引发成员的道德风险问题，不利于项目的顺利实施。道德风险问题在这里指的是在过度激励的情况下，团队成员可能会因为追求个人利益而采取不道德或损害项目整体利益的行为。

团队成员在确保具备项目执行阶段所具有的一切技能和工具后，还要注意团队成员分工但不分家，每个人都应该在做好手头工作的前提下对项目执行情况负责。

三、进行绩效评估

绩效评估通常是对项目成员的表现进行正式或非正式的评估，且评估需要有书面记录。团队绩效评估是指团队实现预定目标的实际结果。当对绩效信息进行评估后，项目经理就能够识别和解决问题、减少冲突并改进整体团队分工。评估指标包括技能的提升、能力与感情的提升、团队成员流动性降低、团队凝聚力提升等。

四、建立团队沟通机制

作为项目团队的领导，项目经理必须确保能够积极主动地进行信息交流和沟通。沟通的渠道通常包括会议、报告、自媒体等。保证各主要利益相关方可以方便得到需要的信息并对信息做出相应反应。由于项目经理在与利益相关方的沟通中扮演着核心角色，一个优秀的项目经理应具备良好的沟通能力，且需要花费大部分时间（80%—90%）进行各方面、各类型的沟通工作，以保证沟通是主动和稳定的。项目经理可以在团队中创建一种鼓励沟通的氛围，以使项目成员能够积极共享信息、主动发现问题和矛盾，通过创造性的互动来解决问题。

表 5.1 沟通类型

类型	正式	非正式
口头	演示 项目审查会议 情况介绍 产品演示 头脑风暴	对话 特别讨论
书面	进展报告 项目文件 商业论证	便条 电子邮件 即时消息 / 短信 社交媒体

表格来源：《项目管理知识体系指南（PMBOK 指南）》第七版（中文版），2021：13。

沟通也能发挥其他作用。有些项目经理被称为“迷你广告牌”，是因为他们是项目状况最显著的标志。项目经理的沟通方式、所传达的信息（有意的或无意的）以及他们讨论项目时的举止都在向项目的利益相关方传达着重要信息。不论通过口头或书面通知、会议或演讲以及非正式的网络形式，项目经理要始终认识到团队沟通的重要性，并且能够熟练地进行沟通。以下是团队沟通的几种工具：

在线协同工具。比如腾讯文档、百度文库等是团队沟通以及办公中不可缺少的工具。这类工具具有协同编辑、在线评论等功能，可以做到信息同步，避免信息流失问题，有助于提升项目团队工作效率。

即时通信工具。如钉钉、微信等，也是项目团队沟通的重要工具。与邮件相比，即时通信更加便捷，消息接收与回复方便且快速。在团队沟通中，成员可以通过即时通信工具分享项目进展、交流想法、及时反馈。

会议。虽然在线协同工具和即时通信工具较为方便、快捷，但是如果团队需要就项目进行深入交流和讨论，会议是必不可少的环节。会议可以让项目经理更加准确地分配任务，同时倾听每一个成员的意见和困难。项目经理所采用的最为重要的一种沟通方式就是召开具有建设性意义的会议，会议能够为项目团队带来以下作用（杰弗里·K. 宾图，2015）：

1. 定义项目及主要团队成员；

2. 为会议参与者提供机会，帮助他们修改、更新、充实已有的信息库；

3. 帮助项目团队成员了解个人努力如何适应整体项目，以及如何对项目成功做出自己的贡献；

4. 通过让项目成员参与会议增强他们对项目的责任感；

5. 提供谈论项目和决定个人工作任务分配的机会。

第二节　项目进度管理

一、进度管理概述

如何在有限的时间内完成预期的项目任务是每一个项目团队都会面临的问题。项目进度管理在公益慈善项目管理中扮演着至关重要的角色。项目进度管理旨在用科学的方法确定目标进度，编制进度计划和资源供应计划，进行进度控制，从而实现项目目标。

首先是制定项目时间表，包括确定项目的关键里程碑和任务，并为每个任务分配适当的时间。时间表应该是合理的、可行的，并考虑到项目的复杂性和资源可用性。

其次是监测项目进展，包括跟踪任务的完成情况，检查是否按计划进行，并及时发现任何延迟或偏差。项目经理应该根据项目执行计划中详细描述的计划定期检查他们的进度，确保项目进度按计划的轨道推进。如果项目进度发生变化，项目团队应有多种备选方案将项目拉回正轨。例如，调整最后期限或者缩窄项目范围。监控项目进展可以通过使用项目管理工具和技术，如甘特图、里程碑图和进度报告来实现。但是，如果项目进度表是固定不变的，项目范围也不能变更，那么项目不可能通过一般的进度管理技术拉回正轨。作为一个选择方案，在项目范围和进度不可灵活变更的情况下，有两个备选技术可供考虑：快速跟进和赶工。无论采取何种方法，关键路径上的工作肯定要首先考虑。关键路径是项目最长的任务序列，关键路径的结束日期决定了整个项目的结束日期。

二、快速跟进和赶工

当项目进度表是固定的并且项目范围也无法改变时，根据《发展领域项目管理专业指南 PMD Pro—第 2 版》，可采用两个备选技术：快速跟进和赶工。为了更好地介绍这两种技术，以下选取“焕新乐园”案例中的房间改造部分进行详细阐述。

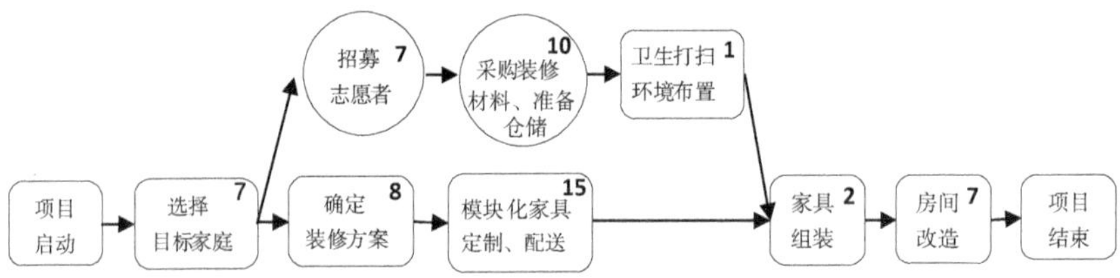

图 5.1 “焕新乐园”项目的部分网络图①

（一）快速跟进

快速跟进是一种进度压缩方法，即把原来属于先后关系的任务改成同时进行，从而加快项目进程（Bonnie Biafore，2013）。为了充分利用快速跟进，项目团队应该首先瞄准关键路径（矩形）上的任务，因为关键路径上的活动提供了加速整个项目进度的最大潜力。

通常来说，一些项目任务是允许重叠的。例如，在“焕新乐园”房间改造项目的网络图中，根据原本计划，在卫生打扫和环境布置完成以后才开始对家具实施组装，在采用快速跟进法的情况下（图 5.2），对网络图进行了调整，卫生打扫、环境布置和家具组装同时进行，通过这种方式，项目的关键路径从原来的 40 天缩短到 39 天。

① 图 5.1、5.2、5.3 中数字均为天数。

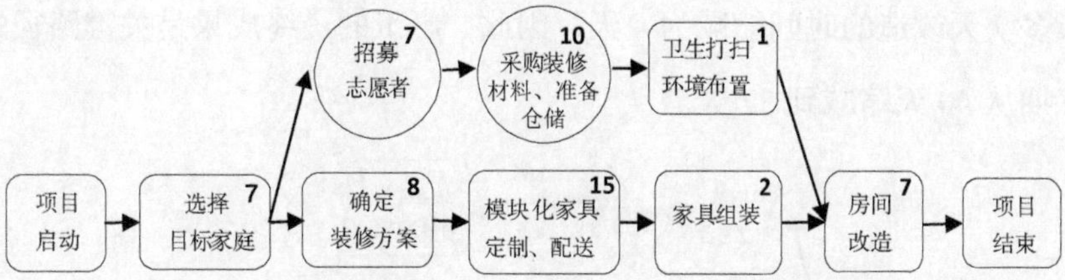

图 5.2　快速跟进——"焕新乐园"房间改造项目

（二）赶工

赶工也是一种进度压缩方法，它旨在以最低的成本增加来缩短持续时间，即通过增加资源来缩短工期的方式。赶工可能包括为活动增加人员、让工作人员加班或通过付费的方式加快交付速度。一般来说，项目赶工的原因包括：（1）最初的进度计划过于乐观；（2）市场变化导致项目需要比预期更早完成；（3）项目进展严重落后于进度计划（杰弗里·K. 宾图，2015）。

但是需要明确的是，赶工存在一些风险。比如不论增加多少资源，你都不可能让一位刚怀孕 5 个月的孕妇就生产，必须等到宝宝足月才可以。在现实生活中，增加资源有时不一定能够缩短工期，反而会延迟工期，赶工并非能够得到最高水平的效率，通常来说，补充的资源所产生的效率要低一些。例如，原来安排一个队 10 个人来进行装修，为了赶工，额外增派了 10 人来帮忙，但是这没有使装修速度加倍提高，有可能是某一工作不需要多余的人来帮忙，或是由于房间空间不足，无法提供额外的施工空间，又或是新进的工作人员与现有人员相比，对项目不够熟悉，导致工作效率低下。

与快速跟进项目一样，赶工需要看关键路径，寻找缩短进度的方法。当赶工成本相同时，可以优先选择工期更长的任务作为赶工对象。在"焕新乐园"项目中，为房间改造提供额外 5 人的人力资源，可以将最多 7 天改造的时间缩减为 4 天，因此，赶工的最终成果是关键路径的工期从 40 天缩减到 37 天。

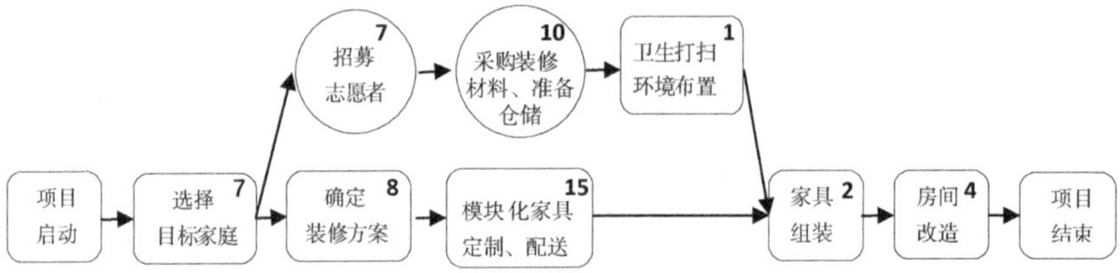

图 5.3 赶工——“焕新乐园”房间改造项目

第三节 项目预算管理

一、预算管理概述

开展公益慈善项目需要依靠个人或者机构捐赠人为项目提供资金。一方面，捐赠方希望资金能够得以妥善管理；另一方面，负责开展项目的社会组织还承担着对所服务的社区和合作伙伴的责任，要确保以最优方式使用以他们的名义获取的资源，使其产生最大的影响。

在有些时候，项目经理没有被授权参与并控制全部财务流程。但是为确保财务管理流程顺利开展，项目经理需要具备几方面的技能：编制预算、确定成本估算、监测预算与支出。在流程开展期间，项目经理需要与财务经理（很多情况下还包括供应商们）以及其他很多人进行紧密联系与协作，以下六个方面的协调和合作显得十分重要：（1）汇编项目支出信息；（2）收集信息和理解预算变动；（3）管理支付；（4）授权支出；（5）管理现金、开销、预测、支出；（6）监督采购流程。

诚然，项目经理应该承担确保项目整体成功的职责，在财务管理流程中，项目经理也要确保参与该流程的所有人都能明确各自的角色和责任。但是在监测项目财务绩效时，发生项目成本与预算不符的情况该怎么办？

为避免出现这一问题，应提前进行相应的成本控制。项目成本控制是降低项目费用必需的管理工作。任何一个项目都不是孤立存在的，它是由若干项目活动组成，因此项目成本控制必须从控制项目各个工作包或项目活动开始，通过消除和减少其中的无效活动、改进低效活动，最后达到控制资源浪费的效果，并使项目的资源得到合理利用。

在项目执行过程中，项目经理需要对财务、绩效情况进行阶段性的监测。在监测项目财务绩效时，一种较具典型性的做法是提取最近的预算数据，然后将项目截止到某一个日期的累计计划费用同实际累计费用相比较。事实上，这种计算方法在评估项目实际绩效时往往存在问题与不足。尽管这种操作方法可以简要说明项目在给定时期内支出比预算多花或者少花多少钱，却没有考虑项目的实际进度。

仅仅对比已经产生的费用与计划支付的费用而得出的项目进展结论是不够准确的。假设一个项目的计划工期已经过半，产生的费用也大约占预算的一半。此时，如果工作也完成了一半，那么项目是正常运行的。但是，倘若预算和工期都已经过半，但是团队仅仅完成了 30% 的工作量，那么情形不容乐观，因为剩下的 70% 工作量需要用半数的工期和预算去完成。挣值分析法不仅考虑实际成本与预算成本之间的差异，而且会告诉团队实际完成工作与预计完成工作之间的差距，由此考虑得出的项目进展情况才更加准确。

项目挣值这一变量实际上是一个统计学中指数分析的中间变量，是一个由项目成本的计划质量指标（budgeted cost，BC）和一个项目工作量实际数量指标（work cost，WC）所构成的统计分析中间变量，人们可用它来分析项目成本和进度的绩效。其计算公式如下：项目挣值 =

项目实际已完成作业量 × 已完成作业量的预算成本。

挣值分析法计算的是在特定日期之前完成一定的工作量需要花费的预算。利用挣值衡量项目状态主要基于以下两个概念：

（1）项目任务的具体工作完成后，该任务就挣得了价值；

（2）把挣值和实际成本及计划成本比较就能够得出成本绩效，并预测未来可能产生的成本。

二、案例说明

以下例子可以说明上述问题。在此前介绍的“焕新乐园”案例中，根据我们绘制的流程图，可以将项目预算依据实际进度做出如表 5.2 所示的安排。项目前三个月的预算和实际费用数据显示，该时期内的实际累计费用（1300 万元）超出了累计预算额（1100 万元）。

表 5.2 为期 6 个月的房间改造项目的成本变动分析（单位：万元）

任务	计划费用	第 1 个月	第 2 个月	第 3 个月	第 4 个月	第 5 个月	第 6 个月
A	100	100					
B	200		200				
C	100		100				
D	400			400			
E	100			100			
F	200			200			
G	200				200		
H	100				100		
I	300					300	
J	100						100
期间内预算额		100	300	700	300	300	100
累计预算额		100	400	1100	1400	1700	1800
期间内实际费用		150	350	800			
实际累计费用		150	500	1300			

然而，这种快速计算并不能全面反映项目的总体财务状况。项目在前3个月中确实比预算多花费了200万元，但这并不一定意味着项目超出了预算。实际费用超出预算，既可能是因为项目支出存在浪费情况，也可能是因为项目的实际成本比预算成本高，或者是因为项目的实际进度比预计进度快。在前一种情况下，需要重新测算成本和调整预算；在后一种情况下，则需要分析实际费用是否与项目进度预算费用相一致，如果超出预算，则需要进一步考虑是否出现了浪费或者实际成本高于预算的情况。

如果出现了项目实际费用比预算高的情况，并且同时存在项目的实际进度比预计进度快的情况，则可以使用挣值分析法。进行挣值分析，项目经理需要一套包含预算、实际费用、进度计划和实际进度的完整数据。

为了说明挣值分析的内涵和实际操作步骤，下面仍旧使用上述房间改造的例子。表5.3在表5.2的基础上增加了“实际费用”“任务完成百分比”和“挣值”三个栏目。表中灰色的数字表示该月份产生的实际费用，黑色的数字表示该月份的预算费用。

表5.3 为期6个月的房间改造项目的挣值分析（单位：万元）

任务	计划费用	实际费用	任务完成百分比	挣值	第1个月	第2个月	第3个月	第4个月	第5个月	第6个月
A	100	150	100%	100	150/100					
B	200	200	100%	200		200/200				
C	100	100	100%	100		100/100				
D	400	400	100%	400			400/400			
E	100	0	0%	0			0/100			
F	200	100	50%	100			100/200			

续表

任务	计划费用	实际费用	任务完成百分比	挣值	第1个月	第2个月	第3个月	第4个月	第5个月	第6个月
G	200	200	100%	200			200/0	200		
H	100	50	50%	50		50/0		100		
I	300	100	50%	150			100/0		300	
J	100	0	0%	0						100
期间内预算额					100	300	700	300	300	100
累计预算额					100	400	1100	1400	1700	1800
期间内实际费用					150	350	800			
实际累计费用					150	500	1300			

在表5.3中，使用挣值分析将前3个月完成任务的实际费用与任务达到相应进度的预算费用进行比较。将“实际费用”和“挣值”两列分别进行累加后可以发现，前3个月的实际费用累计为1300万元，而挣值（即达到相应任务进度所对应的预算费用）也为1300万元。这表明，结合已经完成的工作量来看，项目的实际费用刚好符合预算要求。具体来说，前3个月虽然没有完成任务E，但提前完成了任务G，提前部分完成了任务H和任务I；虽然完成任务A超支了50万元，但完成任务I的50%进度却只花费了预算的三分之一。在接下来的工作中，为使实际支出不超出预算，需要将执行I任务剩余50%进度的实际费用控制在150万元以内。

由以上可见，表5.3的挣值分析结论与表5.3的累计成本变动分析结论不同，这是因为挣值分析提供了更为丰富的数据，将项目的预算和进度数据进行了综合考虑。

因此，挣值分析有助于强调这一点：并非累计成本超出项目预算的所有情况都是"坏事"；同样，并非累计成本低于项目预算的所有情形都是"好事"。项目经理应该将预算情况与计划完成的项目可交付物进行比较，通过进一步分析厘清项目预算的实际情况。不过无论出于什么原因，要想确保项目正常运转，就必须保证项目总体支出在预算范围内，并且有足够的现金流作为保障。

表 5.4 列出了挣值分析可能出现的各种成果组合，并标出了不同情况的意义。表中的一些格子显示一些预算 / 进度组合是"好事"，而另外一些是"坏事"，还有一些则显示需要更多信息才能理解项目状况。

表 5.4　挣值分析成果组合

	进度落后	按进度完成	进度提前
低于预算	需要进一步的数据	好事	好事
在预算内	坏事	好事	好事
超出预算	坏事	坏事	需要进一步的数据

表格来源：《发展领域项目管理专业指南 PMD Pro—第 2 版》，2020：136。

表 5.4 中的项目状况分类比较清晰有用，它们应该被视为进一步探寻以下问题的起点："为什么我们当前的挣值分析成果会是这种状况？""我们当前的这种状况是与质量管理、风险管理、利益相关方管理或者任何其他可能影响预算和进度的问题有关的决策带来的后果吗？"根据这些提问，对上面的财务监测分析进行总结，可以得出一个最终结论。

挣值分析可以提供丰富的数据，帮助管理者更好地监测项目财务状况，但它也要求建立一个准确的项目会计系统，记录基于活动的费用和进度数据。这些数据汇总在一起，可以被用来计算项目总成本和进度绩效的挣值测量。会计系统要建立在一个实用的、以活动为导向的工作分解结构的基础之上，并及时将成本信息录入这个系统。成本报告信息方面的任何延迟，都会影响对项目当前成本和进度状况的评估。但很多社会组织往往因为缺乏这些方面的信息，很难采用这个管理工具。

第四节　供应链管理

一、供应链管理概述

项目经理承担管理人、财、物的最终责任，在供应链管理方面需要担任多个角色，包括规划者、协调者、风险管理者、评估者以及问题解决者等。通过有效执行这些角色，项目经理能够确保项目财务、货物、服务等都得到妥善管理，以及项目成员能够具备成功完成任务的必要技能，这些都是项目经理的职责所在。

二、资产管理

项目资产包括项目设备和物料。在公益慈善项目管理中，资产管理是一个关键的方面。在项目结束后应该将项目资产退回或者调拨给其他项目使用。在项目执行阶段，项目经理应当制定相应的资产管理流程，以确保项目完成时，能够将资产及时退回或是重新分配给其他项目。资产管理包括以下几部分。

资产记录：项目应维持完整而准确的固定资产记录。所有项目获取（通过购买、转让或捐赠）的资产都应被完整记录。

资产贴标签：为便于监督及控制，项目资产应贴上标签。只要能够确保一致性和起到有效的资产监督作用，可以采用任何合适的标签形式。

监测及资产记录：应该定期更新资产资料，记录购置、调整、转让及处置信息。这包括实际盘点，如有出入，须调查、了解并记录在项目问题日志中。

资产保管：建立合适的控制措施并落实到位，确保固定资产得到妥善维持和保管。这些控制措施会随资产与风险的不同而有所不同，例如，组织可能要求将笔记本电脑加上合适的锁链，不使用时，要安全地存放在上锁的抽屉或档案柜内。另一个例子是要求借给工作人员使用的办公设备，都应被记录在设备日志/借用记录内。

三、采购管理

采购管理几乎贯穿项目的整个生命周期，在项目执行阶段，采购管理仍然是一项关键性的工作。采购管理包括获得产品及服务的整个过程，从准备和处理采购申请开始，一直到接收及核准发票准备付款。公益慈善项目采购工作通过外包或采购小组组长来指导，可以在项目期间的任何时候进行，且具有高度敏感性，往往是牵一发而动全身。有效的项目采购可以使采购方、卖方实现双赢，还能够起到促进市场公平、良性竞争的作用。采购活动会对项目预算及进度有重大影响，无论项目经理扮演什么角色，采购活动都需要被纳入到项目执行计划中来。

采购管理的三个步骤为：（1）采购计划更新与评审；（2）甄别供应商；（3）选择、谈判与授予合同。

项目涉及的采购有以下几项。

材料：包括一般产品（办公用品、电脑等）到专用物资（医疗设备、道路建设材料等）等各种物资。

顾问：大多数情况下，团队内部资源可以完成大部分工作，但是仍有少量工作要向外部获取资源（技能），这时需要补充项目人员。

供应商：在执行过程中，供应商要全面负责开展相关服务内容的全部责任，通过具体的标准和固定价钱进行采购。

除了供应商的选择，报价也很重要，对于供应商的评估主要是价格决定的，供应商通常会提供一个供应服务与材料所需时间及费用的独立报价。在评估报价时，要慎重考虑价格。要根据供应商提供的费用估计价格与实际项目进项比较，考虑对应项目的技术要求，如果提交的不同建议书中的费用和进度评估有较大差异，最低的报价未必是好的。倘若其中一家供应商给出的价格比其他商家低很多，那么项目团队就有必要查看以往交易的情况，是否存在质量和其他关键要素的问题。

总体的采购流程应该根据各种采购决策的标准来设计，这一设计过程要严格遵循任何有关捐赠人的采购程序和组织的内部控制程序，尽可能获取多家不同供应商的报价 / 建议书。

四、物流管理

物流是需要将适当的东西在适当时间送往适当地点。在一般意义上讲，物流涉及产品的运输，但物流的意义远不止这些。物流包括在规定的时间内准确而高效地向预定的人员和地方交付活动所需要的全部物品和服务。这个广义上的有效物流定义涉及库存管理和仓储、物料运输。

库存是占项目总价值比例较高的部分，价值体现在库存费用本身、货物管理费、仓储费、货物运输费等方面。项目经理应该首先建立库存管理，并直接与负责库存管理的团队成员进行协调，根据变化的需求及优先次序进行库存管理。需要注意的是，项目必须设立最低库存保有量，确保等待货物交付期间库存能满足项目需求，建立供需平衡。

最重要的是，运输的目标应是以安全可靠的方式，准时、高效率地将供应的物料运到目的地，根据不同项目的需要，运输策略还会有所不同。

第五节　风险管理

一、风险管理概述

风险管理是指通过对项目风险的识别分析，对项目风险进行评估，并在此基础上使用的一定的管理方法与手段。风险管理的目的是防范风险，以便当风险出现时能够将损失降到最低。项目如同生活，都是变化无常的。项目的整个过程都可能发生风险，因而风险管理工作应该贯穿于整个项目周期。在项目执行阶段，要持续不断地进行风险监测，识别风险的状况是否发生变化或者风险是否发展成问题，确定风险概率和影响以及需要采取的行动，删除已经过去的风险，识别新的风险。

二、风险管理

公益慈善项目风险管理，是指项目团队（包括监管和评估单位）对项目整个周期内可能出现的风险进行预测、识别、分析、评估并采取相应措施，提出应对对策，以此降低风险和减少可能带来的损失，从而确保目标实现的科学管理方法。公益慈善项目风险管理与工程类项目的风险管理有所不同，公益慈善项目的性质决定了其传播的影响作用更大、更加深远。风险一旦形成，就会造成组织名誉受损、公信力降低等无法挽回的局面，甚至使组织招致灭顶之灾。风险无处不在，但只要做好前提准备，大部分事故都能够预防和避免，项目经理也应该具备将风险转化为机会的本领。

项目组建阶段制定的风险登记表，我们要在项目规划阶段重新对其进行评审和更新。随着项目的推进，风险清单和相关的风险应对策略可能会发生改变，新的风险会出现，或者原先预计的风险会消失。定期计划的风险评审可以确保在所有管理会议中都将风险作为议题进行讨论，因为风险对于公益慈善项目的重要性并不亚于成本和进度，某免费午餐项目的前管委会成员曾说过：我们不担心发生财务问题，最担心的是孩子吃免费午餐的时候出现食品安全问题，这个问题一旦出现对于项目来说是致命打击。面对风险，我们应该采取“共生”原则来进行管理，而非简单的“回避”和“甩锅”。如果出现意外的风险或者风险的影响超出预期，原定的应对措施或风险应对计划可能不够充分。在这种情况下，项目团队必须执行额外的风险应对计划来控制风险。

根据中国慈善联合会于2020年发布的《慈善组织项目管理规范》，风险管理包括以下内容。

1. 风险识别：确定项目风险来源、风险产生的条件、描述风险特征和确定哪些风险条件有可能影响本项目；风险识别的方法包括文件审核法、头脑风暴法、德尔菲法、访谈法、SWOT分析法等。

2. 风险分析：对项目内外部风险进行评估，明确对项目的影响程度。

3. 风险应对策略：根据风险分析的结果进行有效的设计与调整，降低项目风险。

4. 风险措施实施：按照应对策略实施相关措施，应对突发事件。

5. 风险监测：分析应对措施的实施效果，为后续的风险控制提出参考建议。

项目团队应建立项目风险管理机制，制定不同风险的应对策略，在项目设计时降低风险概率，并针对可能产生的风险提前安排风险处理措施。

当项目中的某个风险发生时，它可能会成为一个实际的问题，需要通过问题管理来解决。

第六节　问题管理

一、问题管理概述

迈克·泰森（Mike Tyson）曾有一句名言："被对手一拳打在脸上之前，每个人都在计划。"准备充分的拳击手在面对突如其来的风险以及变化时也会显得措手不及。这就好比在项目规划阶段团队成员做出万全的计划，但是在项目执行过程中仍有可能出现各种新问题，项目经理必须学习如何管理问题、驾驭复杂局面，不断根据新情况来调整计划。

问题是会对项目造成巨大影响并且是项目团队不能立刻解决的决策或情境困难。在项目执行阶段，有些问题可能会超出项目的经济预算及团队的权限，此时项目经理应随时准备申请资源，用来应对这些问题。当一个问题需要向上一级报告或者委托其他人来解决时，项目经理也应该跟进。

二、问题管理

项目的每一个成员，尤其是现场工作人员都要参与问题管理。问题如果超出项目经理的容许范围，应该向上一级项目机构报告。项目问题的协作管理要求项目团队能够做到以下几个方面。

1. 识别项目问题。

2. 为项目问题的解决方案做出贡献（经验表明项目一线的工作人员

通常对如何解决问题最为了解。因此，项目经理应该创造一种氛围，让每个项目成员能在他们的岗位上尽可能多地解决他们遇到的问题，了解他们的容许度，并据此做出决定和应对风险容许度。明确治理结构和容许度是高效管理问题的关键)。

3. 及时向项目经理上报重要的问题（超出他们的容许度范围）。

在 RACI 矩阵中，指定的活动仅有一位负责人，因此项目经理是对问题管理最终负责的人。建立一个描述清晰的问题管理流程，有助于项目团队内部及时进行沟通和协作。然而，当问题不能得到妥善解决，就会产生以下后果。

1. 既定目标无法实现：不能满足项目在时间、成本和进度方面的要求。

2. 浪费资源：项目质量差。

3. 团队成员士气下降。

4. 项目可信度下降：在社区、资助方以及其他对象中间形成不好的声誉。

5. 对项目造成持续影响。

项目经理可以通过以下流程进行问题管理。

1. 问题识别与跟进：问题的识别及跟进过程与风险管理和项目监测紧密相关，在对项目产生不利影响之前识别出突出问题、决策。

2. 问题分析：对问题进行充分了解，以勾画出解决问题的行动方案，以及将来会产生的后果。

3. 问题沟通：就问题本身进行沟通，针对问题何时以及如何解决进行沟通也会促进问题的解决。

4. 问题控制：项目经理需要协调团队的努力来解决问题，保证项目成功完成。

最重要的问题控制工具是问题日志。问题日志对问题进行总结，描述它们当前的状态，并且确定处理问题的责任人。问题日志可以采用不同的技术形式，例如纸质文件或完全集成化的数据库。表 5.5 是一个问题日志案例。

“万名农民工绿色网上行”项目旨在用一年时间来培训 10000 名农民工学习计算机方面的知识，缩小“数字鸿沟”，以期让农民工们享受信息化带来的便利。项目实施前进行了三方面的准备，包括设定项目目标、确定并获取项目所需资源、组建高效的项目团队。项目实施过程分为招生、培训、考核和后期服务四个阶段，最终在项目结束后进行评估，考察最初设定的目标是否达成。

表 5.5　“万名农民工绿色网上行”问题日志

问题类型	报告人	问题描述	报告日期	指派解决问题的人	指派日期	状态	解决方案
项目任务延误：数名农民工因为私事、突发事件缺少培训，直接考试。	项目成员	夏季多水灾，有很多农民工因为家乡处在灾区，而不得不中止培训，回家参与救援。	7 月 30 日	项目成员	8 月 1 日	8 月 1 日：第一次培训中期，700 名农民工因灾请假回家，被迫中止相关培训。 8 月 2 日：灾情仍在继续，700 名农民工暂停培训。 8 月 3 日：灾情有所好转，农民工正陆续回归培训，第二场培训即将开始。 8 月 6 日：农民工基本回归，第二次培训开始。	前期一连几天的阴雨天气，已经耽误部分农民工进行项目培训，已上报给项目经理知晓。

在公益慈善项目中，风险管理和项目管理密切相关。风险管理是项目管理的一个重要方面，它涉及识别、评估和应对项目中的潜在风险。

有效的风险管理可以帮助项目团队预测和减轻可能对项目目标和成果产生的负面影响。问题管理是项目管理中的另一个关键领域，它涉及识别问题和对问题进行管理，以及问题得到解决的全部流程。问题可能是已经发生的风险，也可能是其他未预料到的挑战或障碍。问题管理的目标是及时解决问题，确保项目能够按计划进行。一旦项目团队识别和评估了潜在风险，并制定了相应的应对策略，他们就需要密切关注这些风险的发展和可能的影响。有效的风险管理可以减少问题的发生和影响，为项目的成功提供保障。

三、监测与评估

对于项目管理而言，有人说“你评估什么便得到什么，你不评估它，就无法改善它”。因此，在执行阶段，项目需要经过大量的监测和评估，评估频次取决于项目周期的长度、捐赠人的要求以及项目的复杂程度。评估最终能够提供给利益相关方有关项目进展的信息，并建立机制，确保项目中包含有计划性的经验总结过程。

（一）监测

在执行阶段，应该对项目进行持续监测。项目监测不是项目结项时资方的工作，而是一个系统的工程，贯穿项目管理全过程，是把控项目进度和质量的关键动作。项目监测的目的，在于对项目的执行过程及其可预计的影响进行监视、控制和管理，保证项目的执行过程遵照项目执行计划进行，项目资源得到有效的使用和调度，项目的时间进度按照计划推行，项目的结果和影响符合计划的预测。项目监测可以为团队决策提供参考信息，确保一些被忽略的问题能够被识别到，保证项目始终朝着既定目标推进。

在项目执行过程中需要留存项目执行资料，同时运用相关的工具把控项目进度和质量。此外，可以使用逻辑框架中的指标来测量各项目工作目标的进度，确保按照计划达成这些目标。为此，项目经理和团队可以运用一个包含项目所有指标、指标测量频次、要达到的目标以及基线值和终点值（目标值）的“指标绩效跟踪表（indicator performance tracking table，IPTT）”。

表 5.6　指标绩效跟踪表

指标层级	指标与定义	总体目标	基线值	目标 Q1	实际 Q1	目标 Q2	实际 Q2	终点值
产出：面向 10000 名农民工开展培训课程并使他们通过考试	项目结束后，两次培训中农民工通过考试的数量	10000	0	5000	3500	5000	5800	
成果：农民工互联网普及率得到提升	与开展项目之前对比，项目结束后农民工互联网普及率增加的百分比	60%	18%	30%	23%	50%	48%	

如表 5.6 所示，按照计划，在第二次培训（Q2）结束时，10000 名农民工都应该通过考试，其中第一次培训（Q1）和第二次培训（Q2）的农民工分别通过考试 5000 名。但在实际列中显示，第一次培训结束后有 3500 名农民工通过考试，第二次培训后有 5800 名农民工通过考试，合计共 9300 人通过考试，与计划 10000 人相差 700 人。第一次培训结束后，项目经理和团队被告知进度落后，于是他们调查未达标的原因，通过上面的问题日志可以发现是第一次培训的时候部分学员因遇到突发情况而不得不停止培训，由此项目经理在第二次培训的时候尽量保

证全体学员均参加培训，尽可能达到目标。

成果层面的指标是为了证实农民工互联网的普及率提高，它的前提条件（产出）是农民工参加培训并通过考试，以便保证农民工学会上网。可以看出，产出层面的实际目标进度落后（考试通过数量少于目标数量），会对成果产生一定影响。

IPTT 仅仅是项目经理用来监测项目的一种工具，无论项目团队采用何种工具，都应该定期评审和更新，确保项目经理和利益相关方能够充分利用监测到的信息，做出有效决策。

1. 项目监测

项目监测有很多定义。中国慈善联合会于 2023 年发布的《慈善组织项目监测指南》认为，项目监测是指对项目实施过程及结果的监督测量。《慈善组织项目管理规范》认为，项目监测是对项目信息进行系统记录及阶段性分析的过程，这些记录由项目人员和目标群体共同完成。

综合不同定义，可以认为项目监测的目标是对照项目执行计划，监视、测量和控制项目绩效。因此，在必要时可以采取预防和纠正措施并修改项目执行计划，以便达到项目目标。

项目监测的内容包括但不限于项目成本控制、项目进度控制、项目执行计划与执行偏离控制、项目资金使用控制、项目风险控制、项目目标及其达成的大致情况评估等。项目的管理方可根据项目监测产生的结果，对项目的执行状态进行判断，并对项目过程进行协调和控制。

项目监测的主体主要由项目的利益相关方，或者由项目利益相关方委托的第三方机构或个人构成。监测主体通常包括以下的一个或多个：项目资助方，对项目具有法定监督权利的部门、组织、群体或个人，行业自律组织，与项目相关领域的组织，项目服务提供过程中的受益对象，其他与项目过程具有直接或间接利益关系的主体。

项目经理应建立项目监测机制，并按相关法规定期公开项目信息，自觉接受社会监督。

2. 监测原则

（1）合法性原则

项目监测的目的，以及进行项目监测所用的程序和手段符合监测行为所发生的国家或地区的成文法律规定。

项目监测的目的、程序和手段不悖于社会道德伦理，不损害项目相关方及其他第三方的合法权益。

（2）合理性原则

项目监测的目的、程序和手段是适宜的，这三者的设置和采用能够真正符合项目整体（包括所有项目相关方及项目过程本身）的需求，相关措施能够实际满足改善项目执行过程及执行效能的目的，而非单纯为了满足项目程序的完整性或部分项目相关方对项目流程或执行形式的要求。

（3）有效性原则

项目监测所使用的程序和手段等所获得的结果能够真实反映项目的执行情况和效能高低。

表 5.7　项目监测表

项目基础信息																			拨款使用跟进情况			材料跟进情况			项目监测跟进情况			
项目序号	项目编号	项目类型	协议名称	甲方或捐赠人	甲方联系人	联系方式	邮箱	乙方或受赠人	乙方联系人	丙方	丙方联系人	联系电话	邮箱	项目用途或目标	项目所属地域	项目开始时间	项目结束时间	项目金额	拨款日期	已使用款项	使用明细	需要提交材料	已提交材料	未提交材料	项目执行存在的问题	第一次跟进	第二次跟进	…
																					使用日期 用途 使用金额				1. 问题一 2. 问题二 3. 问题三			

表格来源：根据《慈善组织项目监测指南》整理。

（二）评估

项目评估是项目管理中不可或缺的核心环节，开展评估具有以下重大意义：

1. 保证实现项目目标；

2. 对利益相关方群体负责；

3. 树立公益慈善组织的社会公信度；

4. 提升公益慈善组织能力。

在项目执行期间，对项目经理来说，实时（阶段性）评估是一件有价值的工具，运用此工具能够让项目经理对项目进行更加深入的分析。实时评估的目的是给项目经理、团队和利益相关方提供对项目进行全面检查的机会，以便做出改进，总结经验教训，必要时可对项目进行调整。

如果要做实时评估，则在项目规划阶段应该针对所需要的时间和资源制定计划，以确保拥有所需的时间和资源。这样的计划将有助于项目经理在项目执行期间进行实时评估，从而能够及时获取项目的进展情况，并进行必要的调整和优化。制定计划时，需要充分考虑项目的整体目标、时间限制和资源限制，确保实时评估的有效性和可行性。

项目评估对项目的实施过程、活动、结果以及影响进行系统分析与判断，以检验项目的执行情况，并对项目的未来进行决策。

项目评估可根据项目生命周期进行年度评估、中期评估和终期评估等。

1. 年度评估：每年年终时对项目进行全面的评估；

2. 中期评估：在项目的中期对项目进行全面评估；

3. 终期评估：在项目结项时对项目进行全面评估。

项目评估可以内部进行，也可以委托专门的第三方评估机构进行评估。重大项目应该邀请第三方评估机构进行评估。

第七节 项目变更管理

在电影《爱丽丝梦游仙境》中，红皇后曾说过这样一句话："在我们这个世界，你必须不停地奔跑，才能保持在原地。"对于项目经理来说，他们至少可以从这句话中学到以下道理：对于成功的项目管理者来说，不停地根据项目执行的实际情况进行动态调整，以保证项目正常向前推进，是一项极为重要的工作。换言之，作为项目经理，需要不断学习和进步，及时调整项目执行计划，适应外部环境和内部需求的变化，以确保项目的持续发展，实现预期目标。

项目计划原本就不是由一成不变的文件构成的，在执行阶段出现变化很正常，某些变化是由风险事件发生或项目环境变化导致的，有些则是基于对需求的深入了解，而其他变化则是客户请求或其他原因造成的。项目经理需要平衡两方面的要素：一是无论实际情况如何，都要将项目文件视为变化的、可改变的；二是不应在未遵循适当流程和渠道的情况下就对项目进行变更。

因此，项目经理应制定规范，建立起相关流程，以便在整个项目期间可以调整计划。但前提是需要一个严格和统一的变更控制流程对提议的项目变更进行管理，要确保任何项目变更都遵循以下流程：

1. 通过一个正式的变更管理流程进行管理；

2. 经过分析，确保这些变更的影响得到深入思考；

3. 形成文件，说明变更对项目所有要素的全部影响；

4. 与关键的项目利益相关方进行沟通和记录在案（汤姆·肯德里克，2015）。

（一）变更流程图

图 5.4 是一个变更流程图，可用来识别和控制项目执行计划变更的管理流程，这是因地制宜项目管理原则的一部分，项目经理、项目团队和利益相关方要遵循变更流程，确保变更形成文件，而且评估变更对项目的影响。

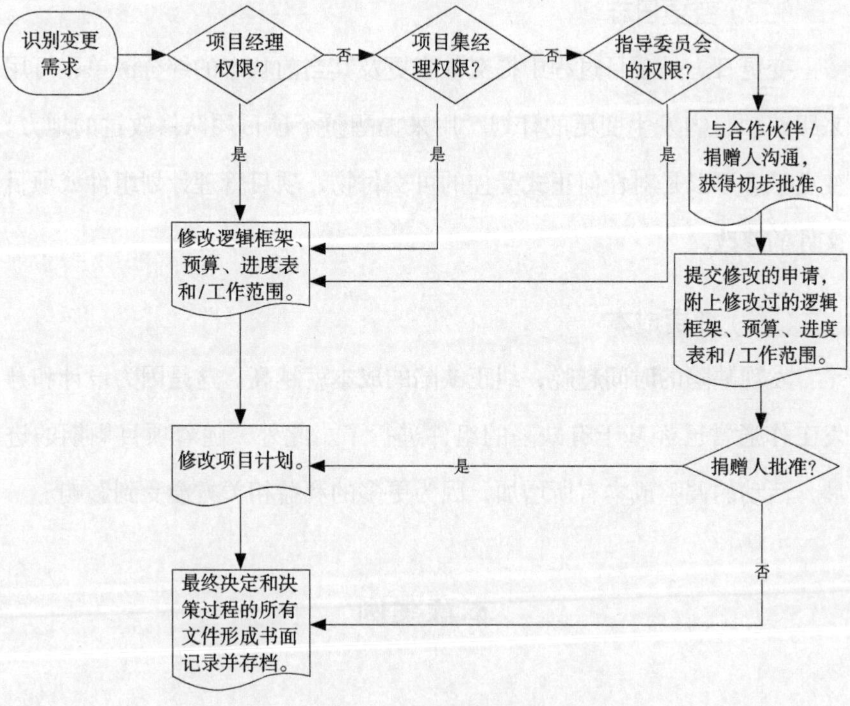

图 5.4　变更流程图

图表来源：《发展领域项目管理专业指南 PMD Pro—第 2 版》，2020：142。

以上流程图仅仅是一个示例，项目经理应该根据项目运行环境的实际情况来绘制流程图。制作流程图时要注意用统筹的方式来管理所有变更，对项目执行计划的任何修改都必须清楚地确定它对项目管理计划其他部分可能带来什么影响。特别是，对项目执行计划的每一个修改部分（范围、成本、进度、风险、采购、质量等）进行评估的人，要注意它会对整个项目带来的影响。倘若评估结果认同计划变更是有益的，而且其影响是可以接受的，那么可以批准变更申请。批准后，应该使整个团队成员知晓修改后的项目执行计划，确保每一个成员均按照更新的计划开展工作。

（二）变更日志

变更日志是项目过程中提交的变更及其当前状态的综合清单，可用来跟踪项目内发生变更的计划，用来提醒整个项目团队修改过的地方。变更日志可以是对任何正式受控的可交付物、项目管理计划组件或项目文件的修改。

（三）变更成本

发现缺陷的时间越晚，纠正缺陷的成本就越高。这是因为设计和开发工作通常已经基于有缺陷的组件进行了。此外，随着项目周期的进展，活动的调整成本有所增加，因为更多的利益相关方会受到影响。

本章案例

“焕新乐园”：改造困境儿童居住环境[1]

浙江省妇女儿童基金会在长期服务困境家庭的过程中发现，困境家庭儿童普遍面临居住条件简陋、家庭教育缺失、关心关爱缺乏等问题。

[1] 资料来源：浙江省妇女儿童基金会官网 http://zjfjh.hyejia.org/。

为了系统地改善困境家庭的现状，有效阻断贫困的代际传递，浙江省妇女儿童基金会发起困境家庭儿童关爱公益项目“焕新乐园”。项目以“改善困境家庭儿童居住环境”为切入点，以“提升儿童及家庭综合发展能力”为目标，通过对环境、健康、教育等方面的综合介入，为儿童及其家庭赋能，有效缓解贫困的代际传递。

项目设计涵盖了三方面内容。分别为：改善焕新环境——对儿童居住空间进行适度改善，确保儿童有安全、舒适、功能完善的日常起居、学习空间；陪伴焕心成长——为儿童提供良好的陪伴服务，包括进行入户陪伴和开展集体活动，促进儿童建立良好的卫生生活习惯、引导家庭追求健康向上的生活；合作唤醒发展——与当地社会组织密切合作，广泛发动志愿者，全面带动社会力量参与，营造人人参与公益的社会氛围。

项目目标包括：（1）为符合要求的家庭进行儿童房间的改善；（2）在项目期限内陪伴服务儿童 12 次（包含 3 次集体活动），帮助儿童维护改善后的房间环境，促进儿童建立良好的卫生生活习惯，引导家庭追求健康向上的生活；（3）建立项目协作平台，带动更多人参与公益。下面介绍房间改善的实施过程。

在项目实施阶段，首先要进行服务对象的筛选，选择满足条件的家庭作为服务对象。目标家庭审核通过后开始改善房间，包含以下几个步骤。

改善前：（1）确认方案：与服务对象及其家庭共同商讨制定改善方案，例如对计划改善的房间进行尺寸测量等。（2）采购物资：根据改善方案，采购装修材料。根据服务对象选择的家具方案，通过家具供应商下单。同时，准备仓储空间接收家具。若社会组织自身不具备仓储能力，可协调本地政府、企业、学校等免费、安全空间临时代存。（3）招募改善志愿者：招募志愿者并注意执行中的人员安全，按项目要求机构自行给志愿者购买保险。

改善中：（1）家具发货和卸货：发货前，供应商告知收货人发货和送达时间，社会组织根据送达时间组织志愿者进行卸货；（2）基础设施改善和家具安装：社会组织组织志愿者进行房间基础设施改善和家具安装。

改善后：全部的房间改善完成后，需要将相关材料提交至项目邮箱进行审核。

▲案例分析题

“焕新乐园”项目执行体现了哪些特征，还可以如何改善？

▲本章思考题

1. 请简述组建项目团队的要求和条件。

2. 项目实施过程的潜在风险有哪些？

3. 请绘制一份项目月度反馈表。

4. 请简述如何评估项目成效。

第六章

项目收尾

本章要点

1. 项目收尾的概念和作用
2. 项目收尾的流程
3. 公益慈善项目的可持续性
4. 项目收尾阶段所产出的报告
5. 项目评估流程和评估报告要点

“焕新乐园”项目从改善困境家庭儿童的居住环境出发，致力于通过综合性的环境、健康、教育等干预措施，为儿童及其家庭赋能，有效阻断贫困的代际传递，提升儿童及其家庭的综合发展能力。然而，硬件的改善只是起点，为了更长远地推动项目发展，浙江省妇女儿童基金会提出了“焕新乐园”2.0 的构想。

“焕新乐园”2.0 不仅关注硬件的升级，更强调“软件”的引入，将“改造焕新”与“陪伴唤醒”相结合，使服务内容更加规范化和标准化。具体来说，“焕新乐园”2.0 将陪伴服务内容调整为“1+X”模式，即一个固定的服务内容搭配多个可选的服务内容。固定服务内容聚焦于儿童及其家庭的卫生习惯养成，执行中将参考现有的“环境暖家”课程，并在服务前后进行效果评估。而自选服务内容则允许执行机构根据儿童和家庭的实际情况，在“健康固家”“学习强家”和“社交兴家”三个领域中选择。

随着“焕新乐园”2.0 的实施，还将衍生出一系列新项目。这种持续的创新和优化可以视为项目的再设计，即在项目的不同阶段调整干预措施或具体活动，以适应不断变化的需求。

项目再设计是项目收尾的一种常见情形，那么，什么是项目收尾呢？为何要进行项目收尾？项目收尾包含哪些阶段？每个阶段又需要完成哪些工作？这些问题将在本章中得到详细的解答。项目收尾不仅是项目周期的最后一个阶段，更是确保项目成果得以巩固和持续发挥作用的关键环节。通过有效的项目收尾，可以确保项目的长期效益，并为未来的类似项目提供宝贵的经验和借鉴。

第一节　项目收尾概述

一、项目收尾概念

项目收尾阶段是项目管理的最后一个阶段。《项目管理知识体系指南（PMBOK 指南）》中将项目收尾描述为："结束项目或阶段是完结所有项目管理过程中的所有活动，以正式结束项目或阶段的过程。本过程的主要作用是，总结经验教训，正式结束项目，为开展新工作而释放组织资源。"

二、项目收尾的多种情景

（一）结束

项目正式结束，项目所有阶段和所有工作都已完成。

（二）移交

将项目的产品、后续的服务工作移交给当地的合作伙伴，如当地的非营利组织、社区和政府机构等。移交内容可分为实体移交和文件移交。项目的实体移交包括可交付的一切项目实体或项目服务。在提供项目移交报告之前应当进行项目移交的检查工作，仔细填写移交检查表。

项目的移交检查表是罗列项目所有交付成果的表格，并对其中的具体细节进行描述，以便今后核对。项目文件的移交是一个贯穿项目整个周期的过程，只是在最后的收尾阶段，项目的文档移交具有深刻的意义和作用。收尾阶段应当移交的主要文档资料有：项目测试报告、项目质量验收报告、项目后评价资料、项目移交文档一览表、各款项结算清单、项目移交报告等（唐晓波，2008）。

（三）延期

项目因故不能如期完成，可以与各利益相关方协商，延长项目时间用以完成项目。在公益慈善领域，经常会有“无成本延期”情况出现。“无成本延期”是指项目活动没有在约定的期限内完成，执行团队要求给予一定的时间用来延期完成这些工作，但不要求捐赠人额外增加成本。“无成本延期”有两种可能的情况：第一种情况是捐赠人不额外增加成本，但是项目团队和项目支持团队会增加额外的支出；第二种情况是，项目预算还有剩余，可以用来为更多的受益人提供产品或者服务，去完成更多的工作，以达到更好的项目效果和目标。

（四）扩张

针对新的目标区域和群体，从项目中识别可以复制的要素，将项目经验“移植”到新的区域或者群体中，以实现更好的项目效果和惠及更多的地区，为更多的受益人提供产品或者服务。如由河南省儿童希望救助基金会主导的儿童希望助医小家项目[①]，通过开设儿童希望助医小家，提供过渡住宿、自助厨房、就医协调、心理疏导、术后康复、个案筹款等服务，为受大病影响的孩子、父母带来真切的支持。项目组将其专业

① 2021 中国公益慈善项目大赛 30 强项目名单公示，http://dasai.cncf.org.cn/index.php?ac=article&at=read&did=828。

化的运作模式、规范化的管理手段应用于北京、上海、广州、深圳、福州、郑州、西安、乌鲁木齐等地，实现了“裂变式”复制。

（五）重新设计

修改干预措施或者项目的具体活动，通过开启一个新阶段继续执行项目。

三、项目收尾的资料投入与关键产出

（一）项目收尾的参与者

要尽可能地让利益相关方参与到项目的收尾阶段，这将有助于经验总结和项目评估工作的开展。

应考虑让如下利益相关方参与到本阶段中：项目团队、项目支持团队、政府机构、供应商和承包商、受益社区、合作伙伴。

（二）需要投入的资料

成功收尾一个项目需要用到以下文件。

项目计划书：项目计划书是旨在确保项目按照预定的时间、范围和预算要求成功完成，并建立全面有逻辑性的计划，以供项目团队和其他利益相关方进行评审和参考的文件。在一个具体的项目环境中，它可以说是预先确定的行动纲领（李伟民，2002）。在项目收尾阶段，需要对照项目计划书来检验项目效果是否达到预期。

MEAL 报告：监测、评估、公信力和经验总结文件。

财务报告：反映项目在每一个阶段的财务状况和现金流量等会计信息的文件。

问题日志：问题日志是用于记录和跟踪对项目产生负面影响的所有

问题的重要项目文档。在项目收尾阶段，问题日志可以充分发挥工具性作用，报告和传达项目中遇到的问题并记载问题的解决方式。

风险登记表：用于识别风险、评估风险、提供可能措施用以解决风险的项目文件。

表 6.1　风险登记表

最后更新日期：××××××						
序号	对风险的描述	发生的可能性	潜在严重性	对风险进行回应	风险优先系数	备注
1	××××××	××××××	××××××	××××××	××××××	××××××
2	××××××	××××××	××××××	××××××	××××××	××××××

（三）关键产出

可持续性计划：可持续性计划制定于项目的最初阶段，在规划和执行阶段得到进一步细化，在收尾阶段为各利益相关方，被移交项目的组织、实体或公共机构提供具体的行动指引。

报告：提交报告是每一个项目在收尾阶段必不可少的环节。具体包括在项目结束、移交和扩张时提交给国际非营利组织、合作伙伴、捐赠人和其他利益相关方的叙事报告、结项报告和财务报告。

项目评估报告：用以展现对项目绩效、有效性和成果的评估结果。

经验总结：在整个项目存续期间都需要进行经验总结。在项目收尾阶段，项目团队和多数利益相关方要进行一次全面的、有多方参与的经验总结。

四、项目收尾实践应用

（一）项目收尾注意事项

1. 按照计划进行收尾工作

项目团队负责人需要确保项目收尾工作有一个系统化的流程。这要求从项目开始就要制定计划，并在项目推进过程中不断对计划进行核实与调整。合约、行政和财务收尾程序必须遵循合规要求，项目团队要负责确保所有的程序都得到遵循和落实。同时，总结、分享和传播项目经验是收尾阶段必须完成的任务。这些经验应成为项目团队知识库的一部分，对未来的项目设计与运营有非常重要的借鉴意义。

2. 确定参与收尾工作的人员

公益慈善项目的所有利益相关方都要参与和收尾有关的流程。如项目收尾程序、事后评审和经验总结等。

3. 准备好项目的活动与文件

项目团队要确保所有的项目活动、项目的所有方面都正式且全面的结束，这不仅有利于维护项目的声誉，还可以使所有的利益相关方得到满意的结果。在项目的最初阶段就要为收尾工作安排时间、制定计划，同时列举出活动与文件清单，这可以减少项目收尾阶段的混乱和压力，最大限度地降低风险。

4. 统筹项目全部要素

在对项目进行评估和经验总结时，要将一系列独立的要素结合起来进行统筹，衡量其是否致力于达到项目目的；同时需要将总结与评估的结果作为项目的智力产出，融入项目团队的知识体系中，为将来所要进行的项目提供经验指导。

5. 检索项目资源与产出

回顾整个项目周期，是否依据环境的变化做出了必要的变更？做出的变更是否建立在完整且全面的信息和数据基础之上？如果答案为“是”，那么说明项目团队在项目管理过程中有效地进行了风险预估与管控，这在项目收尾阶段的关键产出中要有所体现。

（二）项目收尾的实践意义

1. 确认项目效果

项目收尾阶段需要对项目的实施效果进行评估和确认，这有助于了解项目是否达到了预期的目标，是否对受益者产生了积极的影响。通过对项目效果的评估，可以及时发现项目实施过程中的问题，并在未来类似项目实施中加以改进。

2. 记录整理文档

在项目收尾阶段，对项目实施过程中产生的各种文档进行整理和归档，有助于后续的项目审计、评估和经验总结。记录整理文档也可以为未来类似项目的管理提供参考和借鉴。

3. 为后续工作和新项目创造条件

项目收尾阶段的知识传递和经验总结，可以为后续工作和新的项目提供有益的参考和借鉴。总结项目的成功经验和失败教训，也可以为组织不断提升项目管理水平提供有益帮助。

4. 有助于组织的学习和持续改进

总结项目的成功经验和失败教训可以为类似项目提供有益的参考和借鉴，同时也有助于组织不断提升项目管理水平。项目收尾阶段是进行知识转移的最佳时机，可以将项目实施过程中获得的知识和经验传递给项目团队成员，帮助他们提升技能和知识水平，也有助于团队成员的个人发展和职业成长。

5. 为新工作释放资源

（1）释放人力资源

在项目实施过程中，组织要投入大量的人力资源，包括工作人员、项目团队成员、志愿者等。项目收尾阶段需要对这些人力资源进行合理的安排和利用，以避免人力资源的浪费和滥用。

（2）释放财务资源

公益慈善项目通常会得到社会各界的支持和资助，包括捐款、拨款等。项目收尾阶段需要对这些财务资源进行合理的安排和使用，以避免财务资源的滥用和浪费，保证公益慈善项目的公信力和可持续性。

（3）释放物质资源

公益慈善项目通常会使用各种物质资源，包括物资、设备、场地等。项目收尾阶段需要对这些物质资源进行合理的安排和使用，要避免物质资源的浪费和滥用，保证公益慈善项目的公共利益和社会效益。

五、项目收尾流程

本书所讨论的公益慈善项目收尾流程主要由以下五部分组成。

（一）可持续性计划与移交

在项目收尾阶段，制定和实施可持续性计划是至关重要的。可持续性计划通常包括如何将项目成果转化为长期效益，如何将项目的影响扩展到更大的社区或更长的时间。同时，也需要将项目的所有相关资料、资产和责任进行移交，以确保项目的连续性和稳定性。

（二）报告

在项目收尾阶段需要编写并提交项目报告，以总结项目的主要发现、成果、经验教训。项目报告是向项目资助者、受益者和社区成员汇报项目成果的重要工具。它可以帮助人们了解项目的整体情况，为未来的项目提供参考和借鉴。

（三）执行收尾程序

在项目收尾阶段需要执行一系列收尾程序，以确保项目的正式结束和清理。这包括但不限于：解散项目团队、清理财务和物资、归档项目文件、向相关机构提交最终报告等。这些程序有助于确保项目的完整性和合规性，并为未来的项目提供良好的开端。

（四）项目评估

在项目收尾阶段需要对项目进行全面的评估，以了解项目的实际效果和影响。项目评估可以帮助识别项目的成功因素和不足之处，从而为未来的项目提供改进的方向和依据。评估方法包括受益者反馈、第三方评估、财务分析等。

（五）经验总结

在项目收尾阶段需要对项目经验进行总结，以提炼出对未来项目有益的教训和启示。这包括对项目执行过程中的成功之处、遇到的问题及解决方案、合作伙伴的贡献等进行梳理和总结。通过经验总结，可以帮助人们更好地理解公益慈善项目的实施过程，为未来的项目提供宝贵的经验和支持。

图 6.1　项目收尾流程图

第二节　可持续性计划与项目收尾

可持续性是公益慈善项目关注较多的议题，团队在项目开展之初，便应该将项目的可持续性计划纳入项目的战略目标、执行、评估等各个阶段。待项目收尾之后，将其移交给当地的合作伙伴，以保证项目能持续地发挥作用。

一、可持续性框架

为一个公益慈善项目建立可持续性框架需要考虑如下问题：

1. 是否有意愿将项目复制到其他地区？

2. 是否准备将项目移交给当地政府或者机构？

3. 移交给当地合作伙伴之后，项目能否依旧提供服务？

4. 项目对受益人和社区会产生哪种深远的影响？

5. 设计什么样的产品和服务能使项目拥有较好的可持续性？

以公益慈善项目“万名农民工绿色网上行”为例，该项目的受益群体是 18—50 岁、在上海工作的、有学习愿望的农民工。由于他们尚未接触信息技术，无法领略其带来的便捷与实惠，项目致力于通过系统的授课培训，让来沪农民工掌握电脑上网技能，满足其学习需求，并保障其基本文化权益。以下是该项目重点关注到的可持续维度：

一是上海市有400万—500万名农民工，有很大的培训需求。

二是项目组已经积累了一定的经验，具备较成熟的管理模式和完善的实施条件。

三是从项目资金角度来看，可以积极争取包括汇丰银行在内的各类资助方的支持。

运用项目的成功模式，策划和设计了“新生代农民工绿色网上行”“万名进城务工者金融教育”等新项目。

二、可持续性综合分析

我们可以从以下维度入手对项目的可持续性进行分析。

（一）资源

包括项目完成之后，继续为受益人提供产品或者服务所需要的资源，继续维持项目成果需要的人力资源，以及继续提供产品或服务需要的特别技术设备。

（二）能力

能力是决定项目可持续性的重要因素之一。在将项目移交给非营利组织或社区时，必须确保它们具备持续提供产品或服务的知识和技能。在整个项目过程中，可以鼓励各利益相关方参与其中，确保其具备可持续的干预能力。因为利益相关方在参与项目管理过程中，会逐步学会如何对风险、技术、项目团队等进行管理。

（三）风险与应对

在将项目移交给当地合作伙伴时总是可能伴随着风险。为识别和解决潜在的问题和风险，项目团队准备得越充分，项目的可持续性就越强。如果缺乏应对风险、问题和行动的支持系统，项目的可持续性会受到影响。因此，在移交项目之前，分析将要接手项目的实体可能面临的潜在风险是非常必要的。此外，要传授给接手项目的人风险管理的相关知识，包括具体的风险应对措施，这可以帮助他们在遇到风险时免于惊慌失措，做到游刃有余。

（四）利益相关方

在项目移交中，只有一个利益相关方参与的情况非常罕见。通常，要维持项目的成果，需要多个利益相关方的参与。在移交之前，与这些利益相关方进行约定，对于确保项目的成功移交和持续成果至关重要。

（五）流程与网络

可持续性往往需要多个利益相关方进行协同与合作，并建立明确的流程和网络，以确保在项目结束后能够继续执行工作。要对以下问题进行回答：是否已实施了合适的系统来确保产品或服务的持续性和稳定性？我们是否需要促进网络的发展，以增强产品或服务的可持续性？

（六）激励

这一特殊组成部分相较于其他部分更具挑战性，因为它需要获得受益方、社区和其他利益相关方的支持，同时确保在项目团队离开后能够继续提供项目产出和成果。激励社区或组织继续工作的关键在于让他们在项目过程中定期参与，并了解继续提供产品或服务的重要性和价值。

第三节　报告

一、报告的重要性

报告可以帮助项目团队跟踪项目进展，了解任务完成情况和潜在的问题或风险，从而有助于项目经理及时调整计划，确保项目按预期进行。

报告是项目团队与干系人之间的有效沟通工具，可以让利益相关方了解项目的关键里程碑、成果、挑战和风险，从而对项目进行有效的监督和决策。

报告可以详细记录项目的执行情况，包括预算、时间表、技术细节、人员配置等，有助于项目团队了解项目的全貌，同时为未来的项目提供参考和学习的机会。

报告可以提供证据和记录，证明项目已经达到预期的目标和效果，这对于项目的评估、验收和审计都非常重要。

二、项目收尾阶段所需的报告类型

（一）终期叙事报告

该报告是对整个项目的全面总结，详细记录项目期间发生的事件。一份终期叙事报告通常包括项目总结、项目成果（完成的目标、指标、产出和成果）、挑战与问题、获得的经验、资产与库存概要 / 归还 / 处置等内容，但具体包含的内容取决于组织或捐赠人的要求。

（二）终期财务报告

理论上，当项目准备收尾时，所有项目资金都应已收到。同样，在整个项目期间可能已经提交了多份财务报告，但在项目结束时，仍需要提交终期财务报告，以总结财务资源的分配，并附上所有要求的单据。

（三）终期结项报告

需要提交项目终期结项报告，然后将其与基准报告进行比对，以确定项目目标和指标的达成程度。该报告通常被纳入终期叙事报告之中，能为最终项目评估提供有价值的信息。

第四节　项目收尾程序

一、合约收尾

合约收尾是项目收尾阶段的一个重要环节，其主要目标是确认所有合同和协议已经按照法律和合同要求完成。这包括确保所有合同款项已经支付、所有保修期和保留条款已经过期，以及所有与合同相关的责任和义务已经履行。

在合约收尾的过程中，项目团队通常会进行以下活动：

• 确认所有合同和协议的状态，包括检查它们是否已经完成，是否需要进行进一步的修改或修订，以及是否存在未解决的问题或争议等；

• 确保所有相关文件和记录已经整理并归档，包括合同文件、发票、付款记录、验收报告等；

• 对合同执行情况进行评估，包括检查它们是否符合合同要求、是否存在违约行为，以及是否有需要改进的地方等；

• 如果需要的话，与供应商或承包商进行谈判或协商，以解决任何未解决的问题或争议；

• 确保所有相关法律和合规要求已经得到满足，包括税务要求、知识产权要求等；

• 合约收尾的目的是确保项目能够顺利结束，并确保所有相关合同和协议已经履行。这有助于确保项目的顺利交付，同时也可以减少任何潜在的法律或合同风险。

二、财务收尾

（一）财务收尾的概念

公益慈善项目财务收尾是一个重要的过程，它涉及项目的财务状况，包括收入、支出、资产和负债等内容。这个过程的目的是确保项目的财务报告准确、透明，并且符合相关的法律和规定。

在财务收尾过程中需要完成以下任务：

• 清理账目：确保所有收入和支出都已经准确地记录和汇总；

• 核对账目：核对各种账目，如收入账、支出账、资产账和负债账，以确保它们相互一致；

• 审计和审查：请外部审计机构进行审计和审查，以确保财务报告的准确性和合规性；

• 发布财务报告：根据项目的规模和性质，发布详细或简略的财务报告，向捐款人、受益者和其他利益相关方展示项目的财务状况；

• 关闭账目：在项目结束时关闭账目，以确保所有财务事项都已结算并记录；

• 此外，还需要确保在整个财务收尾过程中遵守适用的财务规定和法律要求。

财务收尾中有一个非常重要的环节，即项目审计。

（二）项目审计

公益慈善项目审计是一项对项目在募集、分配和使用慈善资金过程中的财务活动、收支情况以及有关的经济活动进行审核、评价和监督的工作，旨在确保慈善组织机构在资金使用上的合法性、合规性和合理性，提高慈善资金的使用效益，防止资金滥用，以及增加慈善活动的透明度和公信力。

项目审计有以下作用：

• 确保慈善组织机构在资金使用上的合法性和合规性，防止资金被非法或违规使用；

• 通过对慈善组织机构的财务收支和有关经济活动进行审计，揭示其运营状况和财务状况，促进慈善组织机构的规范化管理；

• 通过对慈善资金的使用效益进行评估，提出改进意见和建议，提高慈善资金的使用效益；

• 增加慈善活动的透明度和公信力，提高公众对慈善活动的信任度和参与度；

• 激发公益慈善项目管理人员的积极性和创造性，提升其资源整合能力。

三、行政收尾

行政收尾是指在项目结束时进行一系列行政活动，以确保项目顺利结束，并对其进行必要的总结和评估。

在行政收尾过程中，通常会进行以下活动：

• 整理和归档项目文件和记录，包括项目计划、执行报告、监测和评估报告、收支记录等；

• 进行项目总结和评估，分析项目的成果、影响和经验教训，并为未来项目提供参考和建议；

• 向所有利益相关方报告项目的成果和财务状况，包括捐款人、受益者、合作伙伴和其他利益相关方；

• 确保所有合同和协议都已履行，并解决任何未解决的问题或争议；

• 妥善安置项目团队成员，为成员举办庆功会。在项目收尾之前，根据项目团队成员的能力分布和优势将其转移到未来的新项目中；

• 对项目进行审计和审查，以确保项目符合相关的法律和规定。

行政收尾的目的是确保项目的顺利结束，并为未来项目提供有价值的参考和经验。通过整理和归档项目文件、总结和评估项目的成果和影响、报告财务状况和解决合同问题，可以确保项目的完整性和透明度，同时也可以为未来项目提供宝贵的经验和教训。

第五节　项目评估

一、项目评估概述

评估是指人们以其自身的价值准则为标准，对相关事物的价值性进行判断的过程。既包括判断与其目的的相关性，也包括判断与其有效实践的相关性，成为管理的重要内涵或手段。评估是人类最基本、最司空见惯的活动之一（马旭晨，2008）。公益慈善项目评估则是在项目评估的基础上，将可持续性、社会效益等纳入评估考核指标体系。运用科学的测量方法，公正客观地对项目效果进行评价。进行评估需要如实地对以下问题做出解答：项目是否取得了预期成果、项目产出文件是否真实全面、能为后续的项目提供哪些经验借鉴等等。

（一）公益慈善项目评估目的

1. 对项目进展进行监控，了解项目开展过程，确认项目是否达到预期效果

项目经理需要了解项目进展状况与取得的成就，确认项目是否按照项目计划执行，探究何种原因导致实际操作与项目规划有所出入，整个项目周期是否遵循了项目管理的基本原则，是否取得了预期的产出等。此过程有助于项目执行团队及其支持团队监测项目成效，帮助利益相关方厘清项目逻辑，在整体上倒逼项目质量的提升。

2. 形成文档用以完善项目数据库与公益慈善组织知识库

评估过程也是对公益慈善项目进行重新定位的过程，在评估时对项目运营全阶段进行反馈和总结，形成文档用以完善项目数据库与公益慈善组织知识库。在评估时对项目的闪光点进行归纳用作经验借鉴；将项目的不足与遗憾之处作为教训进行总结，这对于学术研究和进一步的项目实践都大有裨益。评估过程不仅可以为学术研究与政策的制定提供案例素材，还可以为将要进行的项目提供知识积累与实践参考，为未来开展的项目提供流程改进、管理优化的依据，促进公益慈善项目在数量和质量上得到提升。

3. 以文本的形式将评估报告进行公示，对所有利益相关方负责

在评估报告中，项目团队要将项目的概要、资源与背景、参与的人员、评估方法以及实施过程、评估结果与对评估结果的解释等进行公示，以便捐款人与其他利益相关方对项目实施与评估状况形成全面的了

解，对利益相关方负责，同时也更加方便捐赠者和支持人做出未来是否资助相关项目的决策。

4. 提升项目团队的声誉，提高公益慈善组织公信力

评估报告可以完整地展现项目团队创造社会价值的过程，增进公众对项目的理解，提升社会信任水平，同时促进公益慈善事业的进一步发展，有助于更好地发挥慈善的作用，创造更美好的世界。

（二）项目评估主体

1. 项目资助方

资助方组建的评估团队负责对申请资助的公益慈善项目进行全面评估。他们会考虑项目的目标、可行性、社会影响力、可持续性等内容，以确定最值得资助的项目，从而确保资助的有效性和影响力。

2. 项目实施方

公益慈善项目的实施方要组建内部评估团队，进行自我评估。这种自我评估是一种持续性的过程，实施方要在项目实施过程中不断观察、反思并修正项目。通过这种方式，可以发现并解决项目存在的问题，可以提高自身项目实施的能力和水平。

3. 公益慈善平台

公益慈善平台，如公益孵化机构、网络募捐平台、公益慈善项目大赛等，会组建评估团队对申报的公益项目进行评估。这些平台旨在提供一个支持性的环境，帮助优秀的公益慈善项目获得更多的关注和资源。通过评估，可以筛选出最有潜力的项目，从而对其进行进一步的培育和支持。

4. 第三方评估机构

第三方评估机构是独立的评估执行方，它们接受委托，组建专业的

评估团队进行评估。这些机构通常具有专业的评估技能和经验，能够提供客观、公正的评估结果，可以对公益慈善项目的各个方面进行深入的评估，包括项目的目标、实施过程、成果和影响力等。

（三）项目评估原则

评估原则是指在对项目进行评估时，评估人员或者评估团队所要遵循的基本准则。

1. 美国评估协会评估原则

美国评估协会（American evaluation association，简称 AEA）自 1994 年首次发布评估指导原则以来，每五年会在协会成员的参与下进行修订。该协会提出的原则主要涉及以下五个方面。

（1）系统性调查：评估人员应进行基于数据的调查，这些调查是彻底的、有条不紊的、与项目背景和资源相关的。

（2）能力：评估人员能为利益相关方提供熟练的专业服务。

（3）诚信：评估人员以诚实和透明的方式行事，确保评估的真实性。

（4）尊重他人：评估者尊重个人的尊严、福祉和自我价值，并承认文化在群体内部和群体之间的影响。

（5）公共利益和公平：评估人员努力要为公共利益和社会公平做出贡献。

2. “三 A 三力”评估原则

中国慈善联合会于 2020 年 6 月发布的《公益项目三 A 三力评估指南》中也有关于评估原则的表述，主要内容见表 6.2。

表 6.2　三 A 三力评估原则[①]

客观性原则	应秉持公正的立场进行，以客观事实为依据，反映公益项目在 Aim 社会目标驱动力、Approach 解决方案创新力、Action 行动效果转化力三个方面的实际情况。
公平性原则	评估行为要对公益项目一视同仁，对同一规模组织、同一类型项目采取统一的评估指标。
全面性原则	通过 Aim 社会目标驱动力、Approach 解决方案创新力、Action 行动效果转化力三个维度对评估指标体系进行结构化分类，明确各评估指标的权重，保证评估结果能够全面、综合地反映公益项目的价值追求、达成方式以及客观绩效。
合一性原则	基于社会价值的评估是 Aim 社会目标驱动力、Approach 解决方案创新力、Action 行动效果转化力的评价过程，既注重项目的客观绩效，也注重价值追求和达成方式，尤其是创新的达成方式。评估过程中要特别关注 Aim 社会目标驱动力、Approach 解决方案创新力、Action 行动效果转化力之间的传递关系以考察合一性。
系统性原则	系统性原则主要体现在评估指标的选择和分解上。上一级指标在分解成下一级指标时，要体现系统性和逻辑性，次一级指标选择时要遵循关键性，遵循“评估什么，选择什么”的原则。

（四）项目评估方法

以下是一些常见的可以用于公益慈善项目的评估方法。

1. 问卷调查法

通过设计合理的问卷，向项目利益相关方发放，收集他们对项目的认知、满意度和看法。这种方法能够获取关于项目影响的定量和定性数据，全面了解项目对受益人的影响，并为项目的改进提供参考。

2. 逻辑模型评估法

基于逻辑模型对公益项目的逻辑框架和实施过程进行分析，评估项目是否按照预期的逻辑关系进行。这种方法包括逻辑框架的构建、指标的设定和数据的收集等步骤，有助于全面了解项目的目标、活动、输出

① “三 A 三力”（3As）是 Aim、Approach、Action 的缩写。Aim 社会目标驱动力指一个组织或项目的愿景使命以及战略对组织或项目产生的驱动作用；Approach 解决方案创新力指为实现组织或项目目标而设计的解决方案的创新性、科学性和可行性；Action 行动效果转化力主要指团队的执行力以及转换的结果。

和效果等方面的情况。

3. 成本效益分析法

通过比较慈善组织的投入资源（如人力、物力、财力等）与产出效果（如服务对象的数量、质量等）之间的关系，来评估慈善组织的绩效。这种方法能够客观地反映慈善组织的资源利用效率和社会产出成果。

二、评估流程

对公益慈善项目进行评估的全流程包括四个阶段：准备阶段、评估阶段、沟通阶段、应用阶段。

表 6.3　公益慈善项目评估流程

准备阶段	确定参与评估的人员	要选取合适的人员参加到项目评估工作中，可以成立评估委员会。在理想的状态下，评估委员会可以由多方人员共同组成，包括资助方、受益人代表、项目实施方、平台组织等第三方、外部专家等。成员立场背景不同、知识结构不同，可以对项目信息进行多源验证。
	制定评估方案，确定评估指标	社会组织规模各异，公益慈善项目涉及的领域也千差万别，因此，评估委员会成员要根据项目的内容制定具体的评估方案。包括确定评估指标并为指标分配权重、确定统一的评估标准、设计重点突出的评估报告等。
	选择恰当的评估工具、确定评估方法	在保证评估结果真实性、有效性的前提下，选择恰当的评估工具和方法。评估工具包括时间线、调查表等；方法可以采用定性、定量和混合评估方法。定量的方法包括前后对比法、断点回归设计法、工具变量法、倍差法、问卷调查等；定性的方法包括田野调查法、访谈、文献调查与个案分析法等。需要根据项目的具体信息选择不同的调查方法。在必要时可以将多种方法组合起来，形成新的评估思路、评估方向。

续表

评估阶段	进行调查、面试	在项目团队提交的材料的基础上，评估人员需要通过调查、访谈、面试等活动来收集数据和资料，对项目实施过程与项目影响力形成准确直观的认识。
	合议分析资料	参照评估指标，运用评估工具，对项目资料进行分析。分析时可以选取定性、定量、混合研究分析的方法。
	产出评估报告	根据相关规定，评估团队要撰写公益慈善项目评估报告。报告采用书面的形式，做到意思表达准确，有理有据。
沟通阶段	提交报告并取得反馈	将已经撰写的评估报告提交给项目团队或其他利益相关方，就项目效果进行讨论，研究公益项目是否有改进优化的空间。如果项目团队对评估报告有异议，评估团队在必要时接受质询，做出回应。
应用阶段	对捐赠者	捐赠者和支持方可以依据评估报告决定是否对相似的公益慈善项目进行资助，如果有意向在未来进行资助，也可以参考评估确定资助的具体策略。
	对项目团队	将评估报告与项目规划中的预期效果进行对比，探究能否在项目流程设计、日常运营管理、参与人员专业化水平等方面进行优化。在提升项目团队规范化操作水平的同时，促使公益慈善项目发挥更大的作用。
	对第三方平台	对平台型慈善组织而言，可根据评估结果确定资源配置的优先级和类型，对社会效益较好、影响力较高、运作实施规范的项目可配置较高级别的资源。

以“焕新乐园”项目 2021—2022 年度执行情况评估为例，在评估准备阶段，浙江省妇女儿童基金会聘请第三方评估机构对项目执行状况进行评估，组建评估小组：由浙江工商大学公共管理学院马教授担任组长，浙江省之江社会工作发展中心徐副总干事作为外聘专家并担任副组长，还包括浙江工商大学社会工作专业的 3 位成员。评估采用程序逻辑模式，主要评估方法为文献法与问卷法。

在评估阶段，评估小组首先通过相关材料等对项目进行全方位理解，对 29 家执行机构和 660 位儿童的基本信息进行解析，设计了 2 份调研问卷并在互联网上进行发放。随后，评估小组与浙江省妇女儿童基金会参与该项目的 5 位工作人员一起召开了评估座谈会，主要围绕两方面的内容进行座谈：项目执行人员对本年度"焕新乐园"项目进行总结；评估组对 29 家执行机构的相关材料进行查阅，主要包括项目申请书、项目合同、项目执行情况说明书等内容。而后，评估小组对访谈内容进行整理、分析和归纳，对 2 套调研问卷材料进行定量分析。最后撰写评估报告。

在应用阶段，第三方评估小组得出了十点结论，如"焕新乐园"项目的实施帮助全国越来越多的低保、低边家庭困境儿童摆脱了困境，不仅为困境儿童带来了物质上的帮助，也为其提供了精神上的帮助；"焕新乐园"项目在实施过程中，除了发挥浙江省妇女儿童基金会、执行机构和当地社会组织的作用以外，也体现了政府的作用；等等。最后，通过将项目评估报告中的数据与预期成果进行对比，评估小组对项目的未来发展提出了数条建议，主要包括在模块化家具上提供可供选择的方案、探索赋能性督导服务模式、防止困境儿童"标签化"、强化家庭监护教育职责，以及倡导友好型困境儿童的政策环境等。

三、项目评估的主要内容

项目评估内容是设计评估指标的重要参考。本节部分参照《公益项目三 A 三力评估指南》，并且与实践中的案例相结合，提取出以下三方面评估内容。

（一）项目社会驱动力

项目社会驱动力的评估重点包括：使命是否成为驱动力，战略是否体现使命，项目目标是否满足紧迫性、公平性和公共性要求，以及项目是否形成具体的实施计划。

在社会驱动力评估过程中，需要回答以下具体问题：

1. 该项目是否有实施的必要性？项目的使命是否与组织的价值观相吻合？

2. 社会需求是否具有紧迫性？能否体现公平正义？需求群体的画像是否精确？

3. 是否有清晰的战略描述？是否有具体的实施计划？实施计划具有多强的可操作性？

4. 项目的投入是否能导向目标产出？项目的产出能构成怎样的社会影响力？是否确立了项目成功的关键评估指标？

5. 项目整合的内外部资源能否支撑项目战略的实现？项目战略是否与国家大政方针、社会发展趋势相一致？

“焕新乐园”项目的社会驱动力评估见表 6.4。

表 6.4　“焕新乐园”项目的社会驱动力评估

使命愿景	组织的使命愿景	关爱妇女儿童疾苦，保障妇女儿童权益，发展妇女儿童事业。
	项目的使命愿景	阻断贫困代际传递，推动弱势群体共享社会文明，实现社会公平正义。

续表

项目战略	项目战略描述	为儿童打造一个独立、安全且保护隐私的空间，以成长陪伴服务的形式介入儿童的物理、精神和社会三重环境，实现儿童的“焕新环境、焕心成长、唤醒发展”三重改变。项目的战略与组织的战略、组织的愿景相一致。
	项目逻辑	本项目将为符合要求的家庭进行儿童房间的改善。而后在项目期限内陪伴服务儿童12次（包含3次集体活动），帮助儿童维护改善后的房间环境，促进儿童建立良好的卫生生活习惯，引导家庭追求健康向上的生活。同时建立项目协作平台，带动更多的人参与公益。项目逻辑清晰，灵活易执行。
	项目实施计划	项目有具体的实施计划，该实施计划具有很强的可操作性，在每个项目周期内，都会划分出三个阶段。第一个阶段为申请阶段，需要完成对提交申请资料的社会组织执行力进行评估、与目标家庭签订协议等工作；第二个阶段为执行阶段，项目执行团队需要对目标家庭进行房间改善、提供陪伴服务、分发标配物资并且定期进行项目监测；第三个阶段为总结阶段。在此阶段项目正式结项，合作的社会组织作为执行方需要提交项目资料并申请项目尾款。
资源禀赋	整合利用内外部资源	本项目能够带动社会力量参与，营造社会公益氛围，整合社会资源，助推社会服务开展，进一步完善低保家庭儿童青少年的社会支持网络。

（二）解决方案创造力

项目的解决方案创造力评估重点在于：解决方案是否具有独特的创新设计，是否遵循更有效率、更可持续、更有质量和更公平的原则。具体表现在以下方面：产品和服务（产品/服务的独特性、技术/理念的创新性）；模式和运营（业务模式的创新性、项目运营的创新性、参与模式的社会性）；财务匹配（项目预算、资金支撑）。

在解决方案创造力评估过程中，需要回答以下具体问题：

1. 需要多大规模的资助？项目的资助方画像是否具体？

2. 资金来源是否稳定？是否多元？执行项目与管理费用结构是否

合理？

3. 项目的产品和服务是否有独创性？能为社会解决什么样的问题？能在何种程度上解决问题？

4. 在理念上、项目设计上、项目执行环节中是否有创新设计？对项目运营机制、做法、工具、系统做出了怎样的创新？

5. 如何尽一切可能调动利益相关方参与？

以“焕新乐园”项目为例，项目的解决方案创造力评估主要涉及的内容见表 6.5。

表 6.5　“焕新乐园”项目的解决方案创造力评估

产品或服务	产品 / 服务的独特性	从困境儿童入手，帮助改造其居住环境，从而提升孩子们的自尊心与自信心。实现“物质帮扶 + 情感支持 + 社会支持”的整合性帮扶模式。
模式和运营	项目运营的创新性	项目在实践中逐渐形成了三三制减贫模式，整合政府、企业和社会的三重力量；介入贫困儿童的物理环境、心理环境和社会环境，从而实现“焕新环境、焕心成长、唤醒发展”的三重改变；推动困境家庭儿童实现自我发展、人际交往和社会融入能力提升的三重目标。
	参与模式的社会性	最大限度地利用社会资源，调动尽可能多的利益相关方参与。例如，2022 年初，通过组织“温暖来敲门”乡村困境儿童关爱活动，带动全省 34 家基金会、161 家社会组织、22 家企业、14 家媒体共同参与、联合宣传，联合多家爱心企业为“焕新乐园”的困境儿童及其家庭提供物资捐赠支持，包括窗帘、童鞋、大米等物资。
财务匹配	项目预算与资金支撑	依托阿里巴巴的“公益宝贝”平台进行筹资，同时采用“基金会拨一笔资金，当地配一笔资金”的 1∶1 配资模式，撬动更加多元的资源共同推进项目。

（三）行动效果转化力

行动效果转化力的评估重点是团队执行力、项目产出、成果和影响力，具体包括：团队执行力（领导力、专业能力、组织协作、团队文化）；项目管理专业度（质量管理、财务管理、知识管理、信息披露、风险管理、项目传播）；项目成果和影响力（项目产出、项目成效、社会成效）。

在行动效果转化力评估过程中，需要回答以下具体问题：

1. 项目团队成员构成如何？团队成员的专业能力能否支持公益慈善项目发展？是否制定过团队成员能力提升计划？成员的信念感和满意度如何？

2. 需要支持团队什么样的配合？所有成员需要共享什么样的团队文化？

3. 是否制定了贯穿项目全过程的监测和评估制度？提炼了什么样的项目经验和成果？项目是否有提升和改进的空间？应该如何持续改进？

4. 项目财务管理制度是怎样的？决算与预算是否一致？

5. 项目会形成哪些重要文档？项目所有文件是否留存完整？有没有实时更新？

6. 有没有根据相关规定要求，定期披露项目信息？哪些事项向业务主管报备或报批？识别出了哪些潜在风险？对潜在风险是如何进行防范的？

7. 项目是否拥有一定知名度？项目团队是否获得了一定程度的社会信任？有无明确的传播方案和计划？

8. 项目是否给目标群体及其他利益相关方带来长期、正向的改变？项目能否为政策的制定和出台做出贡献？

以“万名农民工绿色网上行”项目为例，项目的行动效果转化力评估涉及的内容见表 6.6。

表 6.6　“万名农民工绿色网上行”项目的行动效果转化力评估

团队执行力	专业能力	采用虚拟团队的组织结构，由合适的人组成；有共同的使命和价值观；优势互补，分工不分家。
	组织协作	
	团队文化	
项目管理专业度	质量管理	项目采用信息化管理，创建了学员报名系统、学员信息系统、班级管理系统、物料管理系统、网络考试系统、效果评估系统。
	项目传播	通过电视媒体、平面媒体、网络报道（google 网络搜索“万名农民工绿色网上行”关键字共有 99800 个相关链接）的宣传，及农民工群体之间的口碑宣传，形成了广大的影响面。
项目成果	项目成果	学员有的找到了工作；有的解决了工作上碰到的技术问题或生活中碰到的难题；有的稳定了工作、增加了收入。

“焕新乐园”项目也基于项目执行周期对项目成效进行了考察，主要包括以下内容。

1. 短期成效

“焕新乐园”项目通过房间改造直接改善了困境儿童的生活环境，困境儿童在同伴交往、家庭关系、学习习惯、自我管理、未来信心等方面都有较好的表现。

2. 中期成效

“焕新乐园”项目不仅为困境儿童改善房间，还在一年时间内提供 9 次入户陪伴和 3 次集体活动。在“公益宝贝—焕新乐园”项目执行中，共有 1048 名志愿者为 660 名儿童提供服务。项目组为志愿者提供了陪伴手册、课程培训，使其清晰了解了“焕新乐园”项目的服务理念和服务路径，不仅提升了志愿者对项目的认同感和参与感，而且提升了志愿者的成就感。项目通过陪伴服务增强了困境儿童摆脱社会边缘地位的自信心，所组织开展的集体活动不仅提升了困境儿童更好融入社会的信心，而且提升了他们融入社会的能力。

3. 长期成效

“焕新乐园”项目使困境儿童在物质上相比之前更加丰盈，在精神面貌上更加自信，更加活泼开朗，学习成绩更加优秀，最重要的是形成了积极向上的人生观和价值观。

四、项目评估的产出——项目评估报告

表6.7展示了公益慈善项目评估报告的框架和内容。这只是一个基本的框架，具体内容需要根据项目的特点和评估需求进行调整或扩展。

表6.7 项目评估报告示例

评估报告撰写示例
1. 项目概要 1.1 项目名称及实施背景 1.2 项目目标及使命 1.3 项目团队成员 1.4 项目活动概要 1.4.1 项目实施的时间范围 1.4.2 项目涉及的地区及团体 1.4.3 项目的资金来源与预算制定 2. 评估方法 2.1 评估目的 2.2 评估的关键指标 2.3 数据来源 2.4 评估工具与方法 2.5 评估过程 3. 项目实施情况评估 3.1 项目完成情况 3.2 项目活动的数量与质量 3.3 项目的预算与实际支出 3.4 项目的利益相关方参与程度 3.5 项目遇到的挑战及解决措施

续表

评估报告撰写示例
4. 项目效果评估 4.1 项目目标达成情况 4.2 项目对受益群体产生的影响 4.3 项目对社区环境的影响 4.4 项目对合作伙伴的影响 4.4 项目效果超出预期 / 效果不佳的原因分析 5. 项目可持续性评估 5.1 项目的产品和服务是否具备可持续性 5.2 项目的长期影响及潜在风险 5.3 项目对合作伙伴的感谢与反馈 5.4 对项目未来发展的建议 6. 评估结果及建议 6.1 项目的总体评价与结论 6.2 对项目决策等方面的建议 6.3 评估的弱点与限制 参考文献 附录：项目相关资料信息、数据表、调查问卷、访谈记录、评价指标体系等。

第六节　经验总结

一、经验总结的重要性

对项目资料进行归档。项目经验是组织的记忆库。在项目收尾阶段，项目团队要对项目运行中发生的事情进行记录，形成翔实的文字材料，采用纸质或者电子备份的方式进行储存，形成全面、客观、可追根溯源的项目档案。这有利于对项目资料进行存档，同时也方便相关人员可以随时进行查阅。

使经验可以在组织内部或项目集中分享。经验总结转为编码知识，便于在组织内部进行学习与传播，从而使一个项目的经验从组织内部扩散到多个项目团队，不仅能够促进组织学习，而且能够使经验教训在组织内部共享。如果该项目是一个项目集的一部分，还可以在项目集层面充分利用该经验，为未来的项目设计提供参考信息，使项目集中的其他项目不会重复发生同样的问题。

可以作为同一领域间项目协作的基础。由于信任缺失、竞争关系等问题的存在，公益慈善组织之间很少就项目进行合作。可公开的经验总结可以作为合作的基础，在不同的公益慈善组织中分享，从而促进公益慈善同一领域内的所有组织、所有项目向着推进社会公平正义的方向携手前进，努力实现共同的目标。

将经验向社会面扩散或加入到数据库中，使其能传授给可以从中受益的其他人员。项目团队通过数据库系统，将成百上千份项目经验汇聚起来，在新项目开展之初为其提供思路和框架，避免新项目另起炉灶，可以有效减少时间和物质成本，提高项目运作效率，也可以惠及更多受益人。

二、经验总结工具

（一）经验总结日志

经验总结日志是可以用于项目总结的重要工具。在项目的重要节点、主要评估点，以及在发生值得作为经验记录的情况时，要对经验进行跟踪记录。以上行为应贯穿于项目的全周期中，在项目的每个阶段都收集到经验教训，会使收尾阶段获得极大的便利。

表 6.8　经验总结日志

记录时间	报告人	项目所处阶段	发生的事项	事项类型识别	项目当前状态	应对措施（预防 / 解决）	经验总结
××××××	××××××	××××××	××××××	××××××	××××××	××××××	××××××

（二）事后评审（After Action Review）

事后评审是另外一个可以用于项目经验总结的好工具，它的具体使用方法是：

- 召集不同的利益相关方；
- 就事后评审图示中的四个问题进行头脑风暴；
- 对经验知识进行记录。

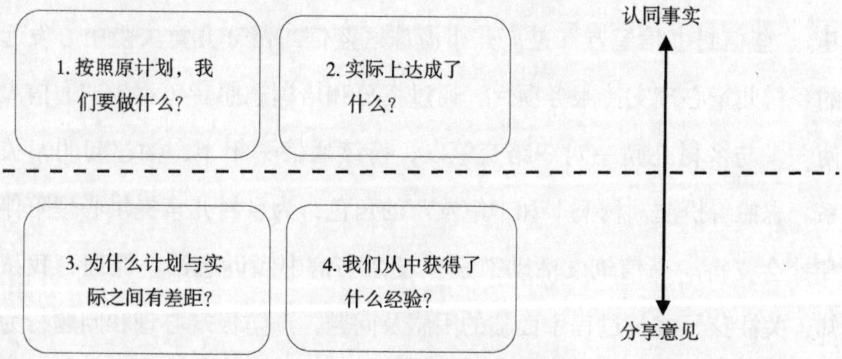

图 6.2　事后评审图示[①]

事后评审作为经验总结工具，有如下鲜明的优点：

- 组织实施过程较为简单直接；
- 通过提问的方式，能快速地引发公开讨论，速度快且效率高；
- 用途广泛；
- 不需要耗费过多资源。

总而言之，经验总结是项目收尾阶段必不可少的环节，能为将来的项目在战略规划、运营方式、突发状况处理、风险预防等方面提供参考。

---

① 对于第三个问题，如果项目的现实产出有可能比计划内的预期更好，这时候我们可以思考：是什么因素让我们做得更好？如果实际没有产生原计划中预期的效果，我们可以提出问题：有什么是我们本可以做得更好的？是什么阻碍了我们做得更好？

本章案例

“蓝信封书信笔友”项目年度收官之旅[①]

在乡村振兴中要关注乡村儿童的心理困惑、关爱缺乏等问题，要及时提供制度性的帮助和有针对性的服务，这将有利于推动和谐社会的构建。“蓝信封书信笔友”是广州市海珠区蓝信封留守儿童关爱中心发起的乡村儿童心理支持服务项目，通过招募和培训志愿者（称为“通信大使”）与乡村儿童一对一结交笔友，持续通信一年半，构建起朋辈关系。志愿者扮演“树洞”和“笔友”的角色，为乡村儿童提供心理陪伴和社会支持。书信笔友活动鼓励孩子在书信中倾诉想法、梳理自我认知，关注孩子成长过程中面临的困惑及问题，预防极端心理和问题行为的产生，并为孩子树立求学榜样，引导其健康快乐地成长。项目以社会工作领域的“助人自助”理论为基础，强调乡村儿童和通信大使的共同成长。“蓝信封书信笔友”16 年来已为来自全国 1217 所学校的乡村儿童提供书信陪伴服务，来往信件达 142 万封，荣获团中央和民政部联合颁发的“全国农村留守儿童关爱服务和权益保护示范项目”（2017），国务院扶贫办（现更名国家乡村振兴局）颁发的“志愿者扶贫 50 佳案例”（2019），团中央和中央社会工作部等颁发的“中国青年志愿服务公益创业赛金奖”（2023）。图 6.3 为“蓝信封书信笔友”项目的执行流程。

① 资料来源：蓝信封行动官网，http://www.lanxinfeng.org/。

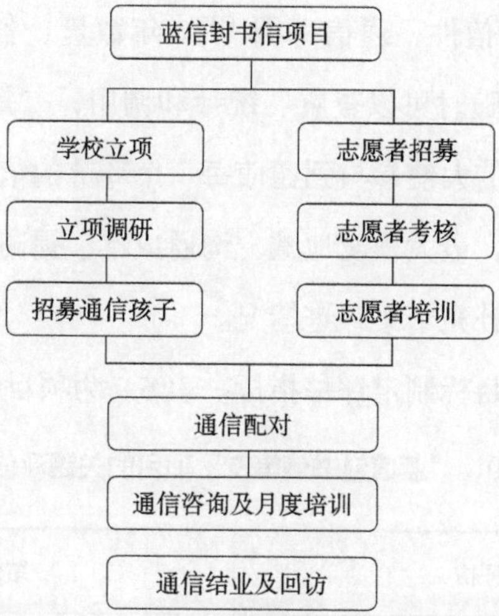

图 6.3　“蓝信封书信笔友”项目执行流程

在通信周期中，通信大使需要在 3 个学期分别完成 3 节基础类通信课程的学习，以及 12 节可自主选择的高级类课程（关于留守儿童心理、书写疗愈作用、青春期孩子心理及干预机制等）。通过学习，通信大使能够了解通信孩子，从而更好地去响应孩子的需求，提升自身的情感连接能力。项目设置了专业的通信指导老师，及时给予通信大使回信指导。中心会在每一阶段的通信结束之际，为通信大使及通信孩子开启结业会，引导双方写好最后一封信，总结通信过程中的成长与收获。持续一年半的通信结束后，中心会通过填写结业回访表、家访等方式给通信孩子做回访，评估孩子的通信感受和效果，同时以电话回访的形式了解通信大使的通信感受，帮助其梳理与孩子之间的通信关系。

每年度通信结业之际，中心会系统地整理项目周期内的通信记录、通信数量、大使访谈记录以及心理问卷调研等资料。这些资料不仅为项目评估提供了重要依据，还构成了项目质量控制和项目改进的基础数据，为项目的持续优化和发展提供了有力支撑。项目依据上述数据建立了独特的数据库。数据库主要包含两个模块：一是在项目管理方面，对于通信频率、后台信件、通信每周 / 月 / 年数量、各学校 \ 市区 \ 全国的各自特点等数据随时可以查看、统计和调用；二是在个案数据方面，包含通信孩子和通信大使参与到通信每一个环节的信息。数据库的建立能够促进信息共享，最大程度地减少沟通成本、提高处理效率，同时可以随时更新，不断补充个案跟进情况。

中心根据项目目标制定评估指标。表 6.9 为项目的关键评估指标。

表 6.9 “蓝信封书信笔友”项目的关键评估指标

过程评估	结果评估
参与率一年前后对比，包括： 孩子流失比例：10%—15%；大使流失比例：10% 以内；通信数量：2 封 / 月 ×10 个月 =20 封 / 年	孩子前后的心理状态评估
通信频次：2 封 / 月	对大使的回访，包括：自我的成长；对项目体验的评价
通信一年、两年、三年的保持率：90%，30%—60%，20%	对孩子的回访，包括：对项目体验的评价；对大使的评价；自我的成长
大使参与线上培训、线下活动的参与率：第一次 95%；第二次 50%；第三次 20%—30%	对老师的回访，包括：对项目体验的评价；对老师工作的帮助程度
大使解决孩子的困惑主题分布	通信内容的分析：字数、话题广度 & 深度
特殊个案处理：1—2 例 / 月	

中心会基于评估结果形成评估报告，并将项目在执行周期内的运营状况汇集成文字资料，编制“蓝信封书信笔友”项目年度结项报告书。年度结项报告书主要包含的板块如表 6.10 所示。

表 6.10　结项报告示例

20×× 年结项报告书

（一）项目综述

（二）项目活动评估

1. 项目概览（项目发起方及各方角色介绍）

2. 项目目标及达成情况

3. 利益相关方评价与反馈

（1）受益对象

留守儿童在通信后多了倾诉的渠道，往往在情绪低落时选择把志愿者当作大哥哥、大姐姐，获得存在感和归属感（而问题是否解决并不是最重要的），学习兴趣、朋友结交意识增强，而问题行为等大为减少。

（2）项目执行地（如学校等）

当地教师对项目非常欢迎，尤其感觉孩子写信后开始自信了、活跃了，更加愿意与人交流沟通，在学习方面也有所提升，包括书写表达、学习态度等。

（3）志愿者

志愿者作为跟留守儿童一对一通信的服务对象，在写信中也有非常大的收获，主要是收获了和孩子的一段友谊，通过书写表达和对孩子的同理，在不断审视过往的自己中自我察觉，记录当下的生活，实现自我成长。

（4）媒体

（5）其他利益相关方

4. 项目经验教训

（三）项目管理

1. 项目分工

2. 项目透明度

3. 项目具体执行情况

（四）项目成果

（五）附件（收支明细表、财务审计报告等）

结项报告的内容不仅为下一个项目执行周期项目目标的设定、志愿者与通信儿童的招募等执行细节提供了宝贵的经验与素材，更在项目的持续优化与发展中发挥着至关重要的作用。项目评估与结项报告直观地展现了项目成就与亟待解决的问题，也为项目的未来发展指明了方向。经过十余年的不懈努力，项目以陪伴与沟通为纽带，为留守儿童带去温暖与关爱，帮助他们树立了自信。

▲案例分析题

“蓝信封书信笔友”项目在收尾阶段，为实现长期可持续性和影响力，开展了哪些关键行动？

▲本章思考题

1. 我们都知道项目收尾是一项需要计划的工作，那么在项目管理的其他阶段，我们需要为项目收尾做好哪些准备工作呢？

2. 项目收尾阶段有可能面临哪些风险？怎样对这些风险进行防范？

3. 在项目管理实践中，还可以开发出哪些工具用于经验总结？请举例说明。

4. 在完成本章节的学习后，请针对一个公益慈善项目进行项目收尾设计。

参考文献

中文

Bonnie Biafore，2013，《项目管理实践：Microsoft Project 精髓与方法》，刘吉熙、杨硕（译），北京：人民邮电出版社。

彼得·德鲁克，2012，《卓有成效的管理者》，许是祥（译），北京：机械工业出版社。

宾图，2018，《项目管理（第 4 版）》，鲁耀斌、赵玲等（译），北京：机械工业出版社。

陈关聚（编著），2021，《项目管理（第 3 版）》，北京：中国人民大学出版社。

陈庆云，2006，《公共政策分析》，北京：北京大学出版社。

陈玉献、董泽琴，2011，《基于逻辑框架法的环境规划后评估研究——以某省"十一五"环境规划为例》，《安徽农业科学》第 15 期。

陈振明，2003，《公共政策分析》，北京：中国人民大学出版社。

邓国胜，2009，《中国公益项目评估的兴起及其问题》，《学会》第 11 期。

丁荣贵、高航、张宁，2013，《项目治理相关概念辨析》，《山东大学学报（哲学社会科学版）》第 2 期。

杜威，2007，《评价理论》，冯平、余泽娜（译），上海：上海译文出版社。

段世霞，2020，《项目管理（第 3 版）》，南京：南京大学出版社。

方劲，2017，《发展干预项目的有效性评估：功能定位与操作难题》，《中国农业大学学报（社会科学版）》第4期。

傅金鹏，2013，《社会组织提供公共服务的问责工具分析——以地方公益创投为例》，《中国行政管理》第10期。

郭金玉、张忠彬、孙庆云，2008，《层次分析法的研究与应用》，《中国安全科学学报》第5期。

果佳、王海玥，2016，《社会投资回报：一种社会影响力评估的工具》，《中国行政管理》第6期。

哈罗德·科兹纳，2013，《项目管理：计划、进度和控制的系统方法（第11版）》，杨爱华等（译），北京：电子工业出版社。

韩俊魁，2015，《非营利组织项目管理》，北京：社会科学文献出版社。

何清华、杨德磊（主编），2019，《项目管理（第2版）》，上海：同济大学出版社。

黄冕、李林，2020，《大数据背景下项目管理理论与模式创新研究》，《湘潭大学学报（哲学社会科学版）》第3期。

贾西津，2016，《〈慈善法〉是有待支点的杠杆》，《浙江工商大学学报》第3期。

杰弗里·K. 宾图，2015，《项目管理（第三版）》，鲁耀斌、赵玲（译），北京：机械工业出版社。

李健，2018，《公益慈善项目管理》，西安：西安交通大学出版社。

李淑英，2008，《准公益性事业单位成本控制之探讨》，《现代商业》第15期。

李松，2015，《公益创投项目可持续发展研究——以苏州市第二届公益创投“金种子”项目为例》，《经济研究导刊》第7期。

李欣欣、滕五晓，2023，《敏捷治理：发展脉络及其在应急管理领域中的研究展望》，《城市问题》第2期。

林锐、肖壮、赵晓飞（主编），2020年，《项目管理》，成都：电子科技大学出版社。

刘通等(编著),2015,《PMP项目管理方法论与案例模板详解》，哈尔滨：哈尔滨工业大学出版社。

陆璇、林文漪（主编），2022,《公益慈善项目资助合规手册》，北京：法律出版社。

罗伯特·希斯，2004,《危机管理》，王成等（译），北京：中信出版社。

马旭晨，2008,《现代项目管理评估》，北京：机械工业出版社。

美国项目管理协会，2009,《项目管理知识体系指南（第5版）》，许汉文等（译），北京：电子工业出版社。

宁骚，2018,《公共政策学（第三版）》，北京：高等教育出版社。

潘显成、王刘文、杨胜辉等，2024,《基于逻辑框架法的废弃煤矿酸性废水治理项目可行性研究阶段决策分析》,《西部资源》第1期。

彭小兵（主编），2022,《公益慈善事业管理（第2版）》，北京：电子工业出版社。

彭小兵，2012,《公益慈善事业管理》，南京：南京大学出版社。

戚安邦（编著），2019,《项目管理学（第三版）》，北京：科学出版社。

戚安邦，2009,《项目论证与评估（第2版）》，北京：机械工业出版社。

R. 爱德华·弗里曼，2006,《战略管理——利益相关者方法》，王彦华、梁豪（译），上海：上海译文出版社。

强茂山，2013,《成功通过PMP（第3版）》，北京：清华大学出版社。

邱小平、徐玖平，2007,《项目采购管理》，北京：经济管理出版社。

上海复恩社会组织法律研究与服务中心，2022,《公益慈善项目资助合规手册》，北京：法律出版社。

宋程成，2021,《从公益创投到创造性治理——基于江南县实践的制度分析》,《公共管理学报》第1期。
孙志健、耿佳皓，2023,《公共管理敏捷革命：中国城市治理数字化转型的交叉案例研究》,《电子政务》第2期。
汤姆·肯德里克，2015,《项目管理工具箱：有效完成项目的100个技巧（第3版）》，范海滨（译），北京：清华大学出版社。
唐焕利，2019,《流动儿童家庭的社会服务需要研究——基于上海市14个流动儿童家庭访谈》，华东理工大学硕士学位论文。
王冬芳，2014,《慈善项目管理》，北京：中国社会出版社。
王梦昀、李纪珍、齐民安等，2012,《项目管理办公室：概念、发展历程与职能》,《技术经济》第4期。
王名（主编），2017,《慈善组织与慈善项目评估标准研究》，北京：中国社会出版社。
王名,2016,《中国公益慈善：发展、改革与趋势》,《中国人大》第7期。
王清、张楠，2022,《虚拟连接：社会组织为何组织化——来自经济发达A区的个案研究》,《治理研究》第4期。
王鑫（主编），2024,《慈善管理学》，北京：清华大学出版社。
威廉·邓恩，2002,《公共政策分析导论》，谢明等（译），北京：中国人民大学出版社
吴磊、杜耐可，2022,《外部环境、组织治理与慈善组织风险——基于多案例的定性比较分析》,《公共管理与政策评论》第5期。
吴新叶，2017,《政府主导下的大城市公益创投：运转困境及其解决》,《上海行政学院学报》第3期。
谢家琛（主编），2024,《慈善事业概论》，南京：东南大学出版社。
谢钰敏、魏晓平，2006,《项目利益相关者管理研究》,《科技管理研究》第1期。

徐本亮，2021，《社会组织管理精要十五讲（修订版）》，上海：上海社会科学院出版社。

俞红，2004，《项目管理及其组织结构》，《商业经济与管理》第 9 期。

约翰·杜威，2007，《评价理论》，冯平、余泽娜等（译），上海：上海译文出版社。

郁建兴、王名（主编），2023，《社会组织管理（第二版）》，北京：科学出版社。

张国宗、陈立文，2009，《关于大型公益建设项目集成管理的思考》，《河北学刊》第 3 期。

张松，2020，《非营利组织公益项目运行机制研究——以世界粮食奖为例》，《世界农业》第 6 期。

张笑君，2021，《项目管理与招标采购研究》，长春：吉林人民出版社。

中国慈善联合会，2020，《慈善组织项目管理规范》，T/ZCL002-2020。

中国慈善联合会，2020，《公益项目三 A 三力评估指南》，T/ZCL003-2020。

中国慈善联合会，2023，《慈善组织项目监测指南》。

周俊，2015，《社会组织管理》，北京：中国人民大学出版社。

周俊、杨鑫源，2022，《从资助到赋能：公益创投如何回归本源——基于新力公益创投的个案研究》，《广西师范大学学报（哲学社会科学版）》第 2 期。

周俊、张冉、宋锦洲（编著），2017，《社会组织与慈善组织管理》，北京：北京大学出版社。

周文坤，2017，《如何撰写服务目标——以随迁长者城市融入项目为例》，《中国社会工作》第 21 期。

朱健刚，2016，《论社会工作与公益慈善的合流》，《社会科学辑刊》第 4 期。

朱健刚、邓红丽，2022，《治理吸纳慈善——新时代中国公益慈善事业的总体特征》，《南开学报（哲学社会科学版）》第 2 期。

朱江、张国杰、姚江春，2022，《基于逻辑框架法的自然资源用途管制路径与方法研究》，《自然资源学报》第 1 期。

英文

Bradshaw，J.，1972，*Taxonomy of social need.In:McLachlan,Gordon,(ed) Problems and progress in medical care:essays on current research,7th series*，Oxford University Press.

Bryson J M.，2011，*Strategic Planning for Public and Nonprofit Organizations: A Guide to Strengthening and Sustaining Organizational Achievement*，John Wiley & Sons.

Burke R J.，2012，*Human Resource Management in the Nonprofit Sector: Passion, Purpose and Professionalism*，E. Elgar.

Freeman R E.，1984，*Strategic Management: A Stakeholder Approach*，Boston: Pitman.

Jennifer Jewer，Kam Jugdev，Mohammad Farshad Amini.，2022，Advancing Research on Project Management in Hybrid Organizations: Insights from the Social Enterprise Literature，*International Journal of Managing Projects in Business*，(3).

Kahneman D & Tversky A，1979，Prospect Theory: An Analysis of Decision Under Risk，*Econometrica: Journal of the Econometric Society.*

Kerzner H.，2022，*Project Management Metrics, KPIs, and Dashboards: A Guide to Measuring and Monitoring Project Performance*，John Wiley &

Sons.

Lessard, C. & Lessard, J.，2007，Project Closeout. In: Project Management for Engineering Design，*Synthesis Lectures on Engineering.* Springer, Cham.

Maslow A H.，1943，A Theory of Human Motivation，*Psychological Review*, (4).

Omid Haass & Gustavo Guzman，2017，Understanding Project Evaluation—A Review and Reconceptualization，*International Journal of Managing Projects in Business*, (3).

Project Management Institute，2017，*A Guide to the Project Management Body of Knowledge (PMBOK® Guide)–Sixth Edition*，Newtown: Project Management Institute.

Project Management Institute，2021，*A Guide to Project Management Body of Knowledge(PMBOK)*，*7th edition*，Newtown: Project Management Institute.

Sharp N , Enzi J , Fountoulakis E ,et al，2023，System and method for displaying gantt charts with other project management tools:US20080018964，US8245153B2.